保育施設における
避難安全のバリアフリーデザインの手引き

Barrier-free Design Guide for Escape Safety in Childcare Facilities

日本建築学会

ま え が き

　車いす使用者などの自力避難困難者のアクセシビリティは近年大きく改善され，劇場，映画館，美術館などの公共性の高い建物をはじめ，百貨店や事務所ビルにおいても，高齢者・障がい者等の利用者が増えている．従来，アクセシビリティの確保については平常時の利用しやすさを念頭において検討されてきた経緯があるが，本来は火災などの緊急時における避難安全の容易性も保証すべきものであろう．しかし，実際には従来の改善の視野は主に日常的な利用行動に限られており，災害時における要支援者の避難容易性についての検討やその基準は必ずしも十分とはいえないのが現状である．また，一般のビルにおける自力避難困難者の避難安全の課題とは別に，もともと自力避難困難者が多く滞在し，あるいは利用する施設，たとえば病院，高齢者福祉施設，介護施設，保育所などにおける避難安全の問題も無視できない．自力避難困難者を多く抱えるこうした施設における避難安全のバリアフリーの確保も課題の一つといえる．

　こうした状況に鑑みて，日本建築学会では防火委員会の下に，2014年度以降「避難安全のバリアフリーデザイン設計指針小委員会」を設置し，医療・福祉施設，保育教育施設をはじめ，一般建築をも含めた施設における避難安全のバリアフリーデザインの検討を行い，その調査研究の成果を社会に役立てるために対象施設ごとの実用的な手引きをつくる活動を行ってきた．その結果，2018年度に「医療施設における避難安全のバリアフリーデザインの手引き」を刊行し，このたび第二弾として自力避難の困難な乳幼児を抱える保育施設を対象として「保育施設における避難安全のバリアフリーデザインの手引き」を刊行するに至った．

　近年，子どもを預けながら働くための条件を整備するために，保育施設への入所を待つ待機児童の解消を図ることは社会の喫緊の要請となっている．こうした背景とともに，施設利用者の利便性の面から通勤などに便利な駅周辺部の保育施設への要望が高くなり，一般のビルの中に保育施設を併設する事例も増加してきている．従来の一般的な低層保育施設における避難安全の基本要件に加えて，このような中高層ビル内に設置される保育施設の火災時避難安全については，特に十分な配慮が必要である．本手引きでは，このような保育施設等の多様化，園児の年齢別避難能力を踏まえて，避難安全の基礎から計画，そして訓練の方法について記している．

　この手引きは，保育施設等の設計や運営・管理に携わる人たちはもちろんのこと，発災時に園児の避難誘導を担う保育士や教諭等にも参考となるように，できるだけわかりやすい内容とするよう工夫を行ったつもりである．なかには専門的な内容の部分もあるが，本手引きが多くの保育施設関係者にとって，避難安全のバリアフリーへの理解を深める実践的な参考図書となることを切に願うものである．また，今後の改善に資するためにも，本手引きに対して，多くの示唆やご意見をお寄せいただければ真に幸いである．

2021年11月

日本建築学会

保育施設における避難安全のバリアフリーデザインの手引き

目　　次

第1章　保育施設の現状と対象施設 1

1.1　保育施設の現状 1

1.2　保育施設に関わるバリアフリー化の現状 3

1.3　保育施設が入居する建物に関わる基準 3

1.4　施設利用者の特性 6

1.5　保育施設の避難計画 7

1.6　保育施設の火災の実態 7

1.7　本手引きにおける対象施設 9

1.8　保育施設のタイプ 10

1.9　本手引きに用いる主な用語 11

第2章　避難安全計画の基礎知識 13

2.1　は じ め に 13

2.2　避難安全の基本性能 14

2.3　避難行動のバリアと対策 22

第3章　保育施設における避難安全計画 36

3.1　保育施設の避難安全に関する特徴と本章で対象とする施設 36

3.2　保育施設の避難安全で考慮すべきこと 36

3.3　保育施設のタイプ別の避難方法 38

3.4　乳幼児の避難行動能力と年齢クラス別の避難計画 40

3.5　保育施設のタイプ別の避難施設計画 47

第4章　保育施設における防災訓練 51

4.1　保育施設における防災訓練 51

4.2　保育施設における避難訓練 55

4.3　訓練実施方法 56

4.4　保育施設における防災訓練実施上の注意点 65

4.5　ま　と　め 66

第5章　避難安全計画の実践 67

5.1　タイプ別安全計画の実例 67

5.2　推奨される安全計画の実例 75

付　　録

付録1　用語の説明 79

　　　　　本手引きは，一般の保育士等や保護者等にも読みやすい言葉の使用に努めて記述して
　　　いるが，一部専門的な用語となっている場合があり，本文中に説明がない主な用語
　　　についての説明を記載している．

付録2　日本人乳幼児の寸法データ 81

　　　　　本手引きが対象としている乳幼児（日本人）の身長・体重に関して，公表されてい
　　　る資料をもとに整理したもの，ならびに乳幼児の寸法からみた避難上の留意点を記載
　　　している．

付録3　階段・手すりの基準 83

　　　　　本手引きが対象としている乳幼児が階段を歩行する場合に必要な階段の蹴上げ（階
　　　段1段の高さ）と踏面（階段1段の奥行き）および手すりの設置基準を整理して記載
　　　している．

付録4　保育施設に関わる基準 85

　　　　　本手引きが対象としている保育施設の分類，保育施設の建物に関わる基準を整理し
　　　て記載している．

付録5　介助避難時間の計算方法 88

　　　　　避難訓練等での避難時間の目安となることを念頭にした，避難時間の簡単な計算方
　　　法，および避難安全検証を行う上で必要となる，避難時間の計算方法の一例を記載し
　　　ている．

付録6　皆がチェックすべき10のポイント 93

　　　　　保育施設における避難安全に関するチェックリストとして，本手引きの読者として
　　　想定している一般の保育士等や保護者等にもわかりやすいように簡潔にまとめた10の
　　　ポイントを記載している．

保育施設における
避難安全のバリアフリーデザインの手引き

第1章　保育施設の現状と対象施設

　本章では，保育施設等の設置数やこれらの施設が設置される階などの施設の設置状況，および保育施設の避難安全に関わる法規制の現状を整理し，本手引き（本ガイドライン）で対象とする施設の条件を明らかにする．

1.1 保育施設の現状

　共働きの家庭が増加する一方で核家族化が進み実家の両親などによる子育て支援を受ける機会が減少する中で，子どもを預けて働ける環境へのニーズは引き続き高くなっており，保育施設の整備は急を要している．

　保育施設の拡充を目的に法律の改正や制度の改正が行われ，認可施設として従来の保育所，幼稚園に加え保育所と幼稚園の機能を併設する認定こども園が設けられた．また，従来は乳幼児20人以上の施設が認可の対象であったものを 19 人以下の小規模な施設も認可対象となるように小規模保育事業が追加されるなど，保育施設の拡充を図る施策が進められている．

　さらに，都道府県知事の認可が不要で市町村への届出のみで設置が認められる企業主導型保育事業のように認可外保育施設でも認可保育施設と同程度の公的な補助が受けられる制度が設けられるなど，保育施設が開設しやすい環境が整備されてきている．

　図 1.1.1 は保育施設の施設数の推移を，図 1.1.2 は保育所等の定員と利用者数の推移を示している [1.1.1)．2015 年に新設された幼保連携型認定こども園と特定地域型保育事業（市町村の確認を受けて行う家庭的保育事業，小規模保育事業，事業所内保育事業，居宅訪問型保育事業）が大きく増加しており，利用者の数も増加している．

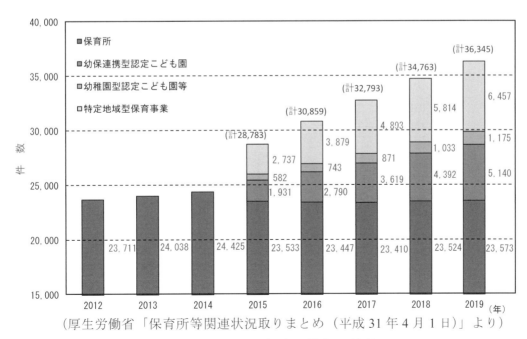

（厚生労働省「保育所等関連状況取りまとめ（平成 31 年 4 月 1 日）」より）

図 1.1.1　保育所等数の推移

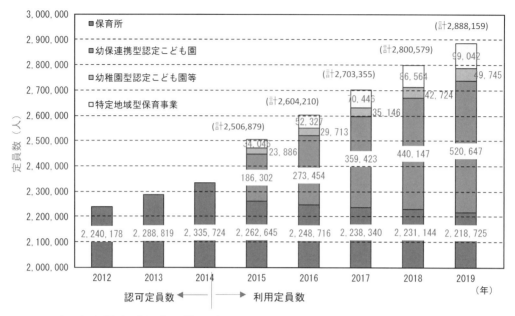

（厚生労働省「保育所等関連状況取りまとめ（平成 31 年 4 月 1 日）」より）

図 1.1.2　保育所等の定員の推移

　一方，企業においても人材確保，働き方改革の推進などの点から企業内での保育施設の設置・運営が行われる事例が増えている．企業が保育施設を設置する場合，自社が入居する建物内に設けることも多く，近年ではビルの中高層階に設けられる事例も増えている．表 1.1.1 は 2014 年に読売新聞が都道府県，政令市，中核市計 110 自治体を対象に行った調査[1.1.2] で，中高層階に設けられた施設の多い都道府県での施設数を示したものである．この調査によれば，4 階以上の階に設けられている保育施設は 67 自治体で 449 か所が確認されており，そのうち 119 か所は認可保育所であったことが報告されている．

表 1.1.1　都道府県別の中高層階の保育施設数

	施設数	当該施設のうち県庁所在地にあるものの数	
東京都	117		
大阪府	58	大阪市	35
神奈川県	48	横浜市	25
愛知県	32	名古屋市	28
福岡県	23	福岡市	13
兵庫県	18	神戸市	7
広島県	16	広島市	8
北海道	11	札幌市	11
千葉県	11	千葉市	1
埼玉県	9	さいたま市	1
静岡県	9	静岡市	2
岡山県	9	岡山市	2

注）施設数は 4 階以上の階に保育施設が設けられている施設の数を示す．
　　表は当該施設数の多い都道府県
　　2014 年 10 月 22 日付　YomiDr.　健やかキッズ　より

　2017 年には「子育て安心プラン」の一環として大規模な建築物を建築する際に活用されている総合的な設計制度を適用して容積率の緩和等を行う際に，新たな保育施設の確保が必要と見込まれる場合には許可条件として保育施設の設置を誘導することを求める国の指針 [1.1.3)] が公表されており，中高層の建築物内に保育施設を設ける事例は今後も増加すると予想される.

1.2　保育施設に関わるバリアフリー化の現状

　建築物のバリアフリー化は 1990 年代に全国各地で福祉のまちづくり条例の整備が進められ，国においても 1994 年にハートビル法（高齢者，身体障害者等が円滑に利用できる特定建築物の建築の促進に関する法律）が制定され，2006 年にはさらに発展したバリアフリー法（高齢者，障害者等の移動等の円滑化の促進に関する法律）が制定されるなど，日常的な利用に対する配慮は促進されている.

　一方で，火災や地震などの緊急時の避難については法的な基準は設けられていないが，国土交通省の「高齢者，障害者等の円滑な移動等に配慮した建築設計標準」（2021 年 3 月改訂）の中で避難設備・施設に対する設計上の考え方，ポイントが示されている. この設計標準の中には，視覚障がい者，聴覚障がい者等に対応した非常警報装置や避難誘導のための情報伝達設備の設置，車いす使用者など階段を使って避難することが難しい在館者のための一時待避スペースの確保などが推奨されている.

　保育施設についてもバリアフリー法，福祉のまちづくり条例で整備が必要な施設に位置付けられており，日常の円滑な移動経路の確保が行われている. 一方，避難施設等については建築基準法や児童福祉法で避難階段等の設置が規定されているのみなのが現状である.

1.3　保育施設が入居する建物に関わる基準

　保育施設に関わる最低限度の基準を定める厚生労働省の省令「児童福祉施設の設備及び運営に関する基準」では保育室等を 2 階以上の階に設ける場合の建物の構造, 避難施設等に関わる基準が定められている. 厚生労働省の「認可外保育施設指導監督基準」では保育室は原則として 1 階に設けることが望ましいとしており，やむを得ず 2 階以上に保育室を設ける場合は防災上の必要な措置を採る必要があるとして，認可外保育施設に対しても「児童福祉施設の設備及び運営に関する基準」と同様の基準に適合することを求めている.

　表 1.3.1 に示す古川らの認可保育所，認証保育所を対象とした調査 [1.3.1)] によれば，他の用途と複合した建物に入居する施設でも 1 階に設けられているものが多く，低層階に設けるのが原則となっている状況がうかがえる.

表 1.3.1　一都三県の保育園の設置階数

		認可保育所[*1]				認証保育所[*2]			
		東京	神奈川	千葉	埼玉	東京	神奈川	千葉	埼玉
単独型		1803	1176	601	1044	388	271	89	241
複合型	1 階	171	28	7	6	155	142	42	103
	2 階	40	21	3	6	138	94	28	39
	3 階	8	8	2	1	26	22	6	8
	4 階以上	4	5	1	3	10	9	4	2

*1：認可保育所：都道府県知事の認可を受けた保育施設.

*2：認証保育所：認可外保育施設であるが，自治体が独自に定める基準に適合する保育施設．自治体によって「認証保育所」（東京都），「認定保育園」（川崎市），「保育室」（横浜市）など名称は異なる.

　保育室等を 2 階以上の階に設ける場合の建築物に対する要求事項は保育施設の業態によって若干の違いはあるが，概ね「児童福祉施設の設備及び運営に関する基準」に倣っており，認可外保育施設についても同様の基準に沿って監督，指導が行われている.

　基準の概要を表 1.3.2 に整理する．避難施設として階段は常用，非常用をそれぞれ 1 以上設けることが義務付けられており，2 方向の避難経路を確保する基準となっている．また，2 以上の特別避難階段があれば建物の 4 階以上の階に保育施設を設けることができるので，特別避難階段の設置が義務付けられている 15 階建て以上の建築物にも設けやすい環境が整っている.

　一方，小規模な建築物のリノベーション推進を目指し，階段等の竪穴区画を強化する一方で，建物の耐火要求を緩和する建築基準法の改正が行われるなど，保育施設を設置しやすくする基準の整備が進められている.

表 1.3.2　児童福祉施設の建物に関する基準

（児童福祉施設の設備及び運営に関する基準より抜粋）

		保育施設を設置する階		2 階	3 階	4 階以上
建物の構造		耐火建築物		○	◎	◎
		準耐火建築物（主要構造部を準耐火構造としたもの）		○	×	×
階段等の設置	常用	屋内階段		○	×	×
		屋外階段		○	○	×
		屋内避難階段*2		*1	○	○
		特別避難階段*2		*1	○	○
		屋外避難階段*2		*1	*1	○
	避難用	屋内避難階段	付室*3,*4	○	○	×
			付室+排煙設備等*3,*4,*5	*1	*1	○
		特別避難階段		○	○	○
		屋外階段		○	○	×
		屋外避難階段		*1	*1	○
		待避上有効なバルコニー		○	×	×
		屋外傾斜路	耐火構造	*1	○	○
			準耐火構造	○	×	×
		これに準ずる設備（避難用滑り台）		○	○	×
	距離	保育室等の各部分から 30m 以下		● 50m 以下	◎	◎
調理室		耐火構造の床・壁および特定防火設備で区画			◎	◎
内装		不燃材料			◎	◎
転落防止措置				◎	◎	◎
警報設備		非常警報設備及び消防機関に火災を通報する設備		規定なし	◎	◎
防炎製品の使用				規定なし	◎	◎

◎：基準への適合が必須の項目
○：各階でいずれかの設置が必要なもの
●：建築基準法で規定される部分
×：選択不可

*1　基準には明示されていないが，基準で求めるものよりも上位の性能の施設であり，使用可能．
*2　屋内避難階段，屋外避難階段，特別避難階段はいずれも建築基準法施行令第 123 条の各項に適合するものを示す
*3　1 階（避難階）から保育施設を設ける階まで付室の設置が必要。
*4　屋内避難階段に設ける付室は建築基準法施行令第 123 条第 3 項第三号（耐火構造の壁で区画），第四号（内装の下地仕上を不燃材料）及び第十号（出入口に防火設備）に適合すること
*5　建築基準法施行令第 123 条第 3 項第二号の性能（煙が階段室に流入するのを防止する）を有するものであること

1.4　施設利用者の特性

　施設を利用するのは 0 歳から 6 歳までの乳幼児であり，保育士をはじめとする保育に従事する者（以下，保育士等という）が保護，指導を行う．乳幼児の避難能力は大人と比較して劣るため，保育士等の介助による避難を前提とした避難計画が必要となる．

　「児童福祉施設の設備及び運営に関する基準」では入所する乳幼児の人数に応じて必要な保育士等の人数の最低限度を表 1.4.1 のように定めている．認可外の保育施設においてもこの基準に沿った指導監督が行われている．しかし，この基準による人数では乳幼児の避難時の安全確保に対して十分とはいえない面もあり，行政庁が個々に定める認可基準の中でより多くの保育士等を規定していたり，施設で自主的に人員を増やすなどの対応が行われている．

　また，施設の業態によって保育士等に必要な資格に違いがあり，表 1.4.2 に示すように認可保育所では全員が保育士等または看護師の資格が必要であるが，認可外保育施設では有資格者は必要な人数の 1/3 以上とされており，保育に従事する者に質的な差が生じることも懸念される．避難時の安全確保のために人材の確保・育成も重要な課題である．

表 1.4.1　保育従事者 1 人あたりの児童数

児童福祉施設の設備及び運営に関する基準		（参考） 認可外保育施設指導監督基準	
乳児	おおむね　3 人	乳児	おおむね　3 人
1〜満 3 歳に満たない幼児	おおむね　6 人	1〜満 3 歳に満たない幼児	おおむね　6 人
3〜満 4 歳に満たない幼児	おおむね　20 人	3〜満 4 歳に満たない幼児	おおむね　20 人
4 歳以上	おおむね　30 人	4 歳以上	おおむね　30 人
	・最低 2 人以上	・主たる開所時間（11 時間）の間は上記の人数以上 ・11 時間を超える時間帯は 2 人以上 ・最低 2 人以上	

表 1.4.2　施設ごとの保育に従事する者に必要な資格

	認可保育所	小規模保育事業		認可外保育施設	幼保連携型認定こども園
		A 型	B 型		
保育に従事するものの資格	保育士又は看護師	保育士	・保育士又は研修を修了した者 ・1/2 以上が保育士であること	・概ね 1/3 以上が保育士又は看護師であること ・常時保育士又は看護師が配置されているのが望ましい ・常勤職員を常時複数配置する	専任の 主幹保育教諭 指導保育教諭 保育教諭

1.5　保育施設の避難計画

　保育施設の主な在館者である乳幼児は，自力で移動したり，階段を下りたりするのが困難であったり，自力で移動できるにしても危険を認識する能力・判断力に劣るなどの避難上の支障（バリア）が多数存在するので，基本的には保育士等が介助して避難させることになる．したがって，避難施設等の計画にあたってはハード面の対策だけでなく，乳幼児に対する保育士等の人数や体力などソフト面を含めた総合的な避難計画が重要になる．

　乳幼児の避難能力は年齢に応じて発達するが，それに伴い避難時の介助方法も異なる．保育施設の中でも，低年齢の乳児，高年齢の幼児など行動能力に応じた避難方法の検討が必要である．

　「児童福祉施設の設備及び運営に関する基準」では，避難訓練を月 1 回以上行うことが規定されている．訓練は月ごとに地震，火災などさまざまな状況を想定して行われており，繰り返すことで保育従事者の対応がスムーズになるだけでなく，乳幼児らも必要な行動を習熟していくため，訓練時の避難に要する時間は短縮される．避難訓練をどのように行うかも避難安全を確保する上で重要となる．

1.6　保育施設の火災の実態

　保育施設の火災の実態について，総務省消防庁の火災報告データ（1995～2008 年，建築火災）からその傾向を分析する．使用しているデータは少し古いものであるが，傾向は大きく変わっていないと思われる．なお，ここでは出火建物の用途ではなく，火元の業態に注目し，保育所と幼稚園を対象とした．

　幼稚園の火災件数は徐々に減少した一方，保育所の火災件数が増加傾向にあることがわかる．2008 年を除くと両者の火災件数の合計は，年間 20～25 件程度でほぼ安定している．出火率は 2003 年までは保育所と比べて幼稚園の方が高い傾向にあったが，2004 年以降はほぼ同じとなっている．両者を合計した年間の出火率は 1000 施設あたり 0.7 件程度であり，病院や学校（2014 年中は 1.7 と 1.6）と比べると低い傾向にある（図 1.6.1）．

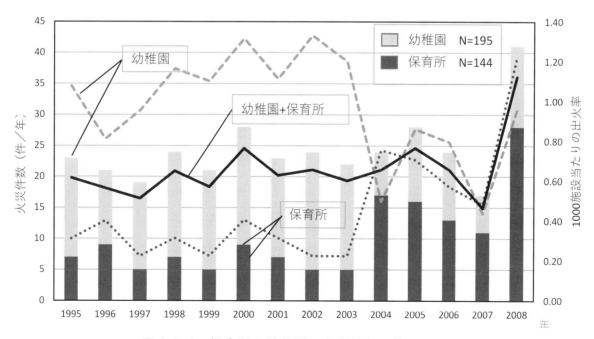

図 1.6.1　保育所と幼稚園の火災件数の推移

　火災原因は「放火」と「放火の疑い」を合計すると全体の約1/4を占める．次いで，「コンロ」，「たばこ」と続く．順序は多少異なるものの，主な火災原因は建物火災と同様の傾向である（図1.6.2）．

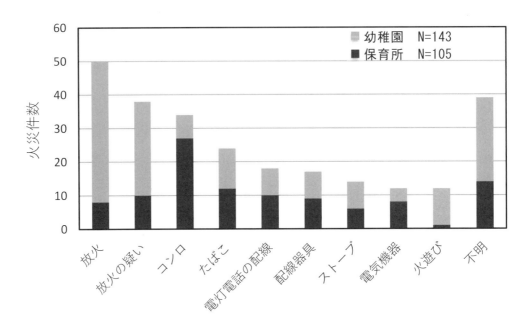

図1.6.2　火災原因別の火災件数

　死者が発生した火災は，幼稚園は1件，保育所は4件で合計5件である．また，負傷者が発生した火災は，幼稚園は13件，保育所は21件で合計34件，保育施設の火災全体の約1割である．
　焼損程度別では，「全焼」と「半焼」が約2割を占め，さらに「部分焼」を含めると約半数の火災で迅速な避難が必要な状況であったと考えられる（図1.6.3）．

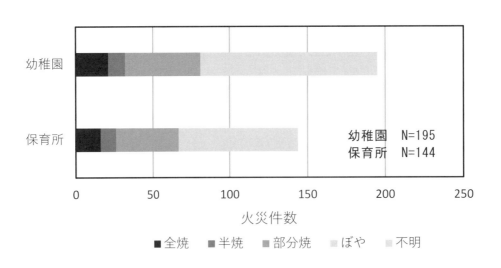

図1.6.3　焼損程度別の火災件数

以下に，国内外の保育所で発生した火災事例を紹介する．

・国内の火災事例 [1.6.1)]

　都内にある複合用途建物の 1 階にある保育所内の厨房で，てんぷら油の入った鍋を IH 調理器で調理中にその場を離れてしまい，気付いたら鍋から炎が立ち上がっていた．すぐに火災の発生を保育所内に知らせたところ，職員の一人が駆けつけて消火器による消火を試みたが 1 本目では消えず，追加した消火器でようやく消し止めることができた．一方，お昼寝中であった園児 33 名は，職員 7 名に誘導されて保育室に直接面した屋外テラスへ無事避難することができた．

・海外の火災事例 1 [1.6.2)]

　2009 年 6 月にメキシコのタイヤ倉庫で発生した火災は，隣の保育所に延焼すると短時間に屋根が壊れ，内部にいた子供や職員が多数犠牲になった．出火当時，施設内にはお昼寝をしている 142 人の子供がいたが，49 人が死亡，76 人が重傷を負った．延焼が急激であっただけでなく，倉庫を改造して設置された保育所には正面玄関しか出入口がなく，消防の救助が困難となり，被害を大きくした要因と考えられる．なお，感知器などが正常に作動していないにもかかわらず，火災の 2 週間前に行われた政府の安全検査には合格していたとされている．

・海外の火災事例 2 [1.6.3)]

　2012 年 5 月カタールの大規模なショッピングモールで発生した火災は，中央に位置していた保育所を巻き込み，13 人の子供と職員 4 人が閉じ込められた．保育所には 2 つの出口があったが，火災で階段が崩れ，熱と煙の影響でどちらの出口も使用できず，閉じ込められた 17 人と消防士 2 人が火災の犠牲になった．犠牲者にはスペイン，ニュージーランド，フランス，日本，南アフリカ，フィリピンからの子供たちが含まれていた．出火原因はモール内の店舗の電気系統の問題とされている．また，ショッピングモールは当時の安全基準に違反していたことも明らかになった．

　海外の火災事例のように，火災安全に関する基準に適合していない施設では，火災時の被害が甚大となる危険性が高いと言える．

1.7　本手引きにおける対象施設

　本手引きでは，保育施設を対象として火災時の避難に支障がないようにするために参考となる基本的な考え方をまとめている．保育施設には保育所，幼稚園，認定こども園などがあるが，利用する園児は0歳の乳児から小学校入学前の6歳の幼児までであり，いずれの施設も園児の年齢や施設の構成が比較的類似している．また，園児らは災害が起こった時に自力で判断して避難するのが難しいため，保育士等による介助避難とする必要がある点なども共通している．このため，本手引きでは0～6歳児が終日利用し，お昼寝や夜間保育などもある保育所での対応を中心に説明し，幼稚園，認定こども園については，保育所との違いを示すことで，いずれの施設においても内容を適用できるものとしている．

1.8　保育施設のタイプ

　保育施設の建物は，従来は保育施設単独で階数が 3 階以下のものが多かったが，近年は他の施設と一緒になっているもの（複合施設）が多くなり，複合施設の低層階に設置される保育施設だけではなく，複合施設の高層階に設置される保育施設も増えている．複合施設では，保育施設の園児と他施設の成人の避難者が廊下や階段で合流すると，園児が押し潰されるなど危険になるため安全対策が必要である．

　本手引きでは表 1.8.1 に示すように，保育施設が入居する建物の用途，保育施設の設置階によって保育施設のタイプ分け（分類）を行い，各タイプでの避難上の障害となるポイント（バリア）を整理し，安全な避難を行うための対策等を提案する．

・単独型保育施設

　　保育施設単独の建物であるタイプ．保育施設は 1~3 階に設置される．2 階以上の保育室からは屋内・屋外階段で避難する．補助的に滑り台等の避難器具を利用する．避難経路は，保育施設＜居室→廊下→階段→避難階（1 階）＞→最終避難場所（屋外）である．

・複合低層型保育施設

　　複合用途ビルの低層部に保育施設を設置するタイプ．保育施設は 1~3 階に設置される．2 階以上の保育室からは，複合ビルの屋内・屋外階段で避難する．補助的に滑り台等の避難器具を利用する．避難経路は，保育施設＜居室→廊下＞→共用廊下→（待避スペース：緊急時に待避し，安全に救助を待つためのスペース（2.3.3(5)参照））→共用階段→避難階（1 階）→最終避難場所（屋外）である．複合ビルの成人の避難者と廊下で合流する可能性がある．園児の安全を確保するために，保育施設専用の避難廊下経路，避難階段がない場合には，待避スペースを計画する．

・複合高層型保育施設

　　複合用途ビルの高層部に保育施設を設置するタイプ．保育施設は 4 階以上の高層階に設置される．高層階の保育室からは，複合ビルの屋内・屋外階段で避難する．避難経路は，保育施設＜居室→廊下＞→共用廊下→（待避スペース）→共用階段→避難階（1 階）→最終避難場所（屋外）である．複合ビルの成人の避難者と廊下や階段で合流する可能性が高い．保育施設外側の避難廊下経路，避難階段で長い間，複合ビルの他の避難者と一緒になる．よって，園児の安全を確保するために，保育施設と同じ階に一時的にとどまる待避スペースを用意し，園児が一気に屋外まで避難できない場合には，その場で待避しタイミングをずらして避難したり，消防等の救助を待つ計画とする．

表 1.8.1 保育施設のタイプ

タイプ	保育施設設置階	概要
単独型保育施設 保育施設	1～3階	従来から多く見られる保育施設単独の建物となっているタイプ 1階はすぐ地上に避難できる．2階以上からの避難は屋内階段または 屋外階段を利用する． また補助的に滑り台等の避難器具を利用する．
複合低層型保育施設	1～3階	複合用途のビルの低層部に保育施設を設置するタイプ 施設内の避難は単独型保育施設と同じだが，施設外の避難者と他施設の 避難経路、避難階段を共有する場合がある．一気に逃げられない時や 他の避難者との合流を避けるために，待避スペースを設けることが 望ましい．
複合高層型保育施設	4階以上	複合用途の高層ビルの上階に保育施設を設置するタイプ 施設内の避難は単独型と同じだが，施設外で他施設と避難経路， 避難階段を共有する場合が多い． 一時的にとどまれる安全な待避スペースを保育施設と同じ階に設置する． 一気に逃げられない時には待避スペースにとどまり，他の避難者と避難 するタイミングをずらしたり，消防等の救助を待つ．このため待避スペー スは，避難階段や非常用エレベータ付近に設置するとよい．

1.9 本手引きで用いる主な用語

　保育施設には，保育所，幼稚園，認定こども園等，各種の保育施設があり，それぞれにより名称等に違いがあるが，本手引きでは統一して下記の用語を用いることとする．なお．章によって，その他の用語を用いる方が適していると考えられる場合には，この限りでない．

・保育施設

　　本手引きで扱う保育施設とは，認可保育所，認可外保育所，幼稚園，認定こども園等をいう．

・乳幼児

　　保育施設を利用するのは概ね 0 歳から 6 歳の乳幼児であり，施設によっては園児という場合もあるが，本手引きでは原則として乳幼児という．

・保育士

　　保育施設によっては，保育士，教諭などの名称があるが，本手引きでは，保育士という．

・保育士等

　　保育士，園長，副園長，補助保育者や調理関係者などの職員（保育従事者）を総称して保育士等という．

参 考 文 献

1.1.1）保育所等関連状況取りまとめ（平成 31 年 4 月 1 日）：厚生労働省ホームページ：
　　　　https://www.mhlw.go.jp/stf/houdou/0000176137_00009.html

1.1.2）4 階以上の保育所，449 か所…ビル階段　乳幼児の避難課題：YomiDr. 健やかキッズ：2014.10.22
　　　　https://yomidr.yomiuri.co.jp/ninshin-ikuji/sukoyaka-kids/

1.1.3）大規模マンションにおける保育施設の設置促進について：厚生労働省・国土交通省通知：
　　　　2017.10.18

1.3.1）避難訓練調査に基づく保育乳幼児の避難行動実態把握と避難安全確保の方策−乳幼児の避難安全
　　　　計画に関する研究　その 1：古川容子, 佐野友紀, ほか：日本建築学会環境系論文集 Vol.81 No.728：
　　　　2016 年

1.6.1）東京消防庁ホームページ：複合用途の建物の保育施設の火災において，職員 8 名で乳幼児 3 3
　　　　名を無事に避難させた事例　https://www.tfd.metro.tokyo.lg.jp/lfe/office_adv/jirei/jirei05.html

1.6.2）Wikipedia "2009 Hermosillo daycare center fire"（2009 年に発生したメキシコ保育所火災）
　　　　https://en.wikipedia.org/wiki/2009_Hermosillo_daycare_center_fire

1.6.3）Wikipedia "Villaggio Mall"（2012 年に発生したカタールのショッピングモール火災）
　　　　https://en.wikipedia.org/wiki/Villaggio_Mall

第2章　避難安全計画の基礎知識

　本章では，避難安全について，考え，実現するための基礎知識について概説する．

　前半にて，一般の建物が備えるべき共通の基本性能について述べる．後半では，バリアフリーの視点から見た避難行動における課題と対策について，保育施設の特性も踏まえて述べる．章の構成を表2.1.1に示した．

　なお，本手引きでの保育施設には，幼稚園，保育所を含む．建築基準法での用途は，それぞれ異なり，かつ，それぞれに設備等の基準がある．このため，防火避難規定の内容も異なる部分があるが，本手引きでは，避難安全上，より好ましいと考えられる視点から述べる．このため，建築基準法等の規定以上の内容を推奨している個所もある．

表2.1.1　2章の構成

避難安全	
避難安全の基本性能	避難行動のバリアと対策
2.2.1　内装制限	2.3.1　覚知・避難誘導
2.2.2　防煙区画	2.3.2　水平移動
2.2.3　排煙設備	2.3.3　垂直移動
2.2.4　避難施設	
2.2.5　防火区画	

2.1　はじめに

　万一の火災の際にも安全に避難できるように，建物にはさまざまな対策が求められている．そして，火災時に私たちの身を危険にさらすのが，まず煙であることから，対策のポイントは，拡がってくる煙に追いつかれる前に避難を終了できる建物を実現し，維持，運営することとなる．

(1)避難安全の基本性能

　そのために，まず，煙と炎の拡がりを遅らせる対策として，次の基本性能が求められている．

　1）容易には出火しないようにし，出火しても室内に燃え拡がりにくくする（2.2.1 内装制限）．

　2）煙が拡がらないように煙を遮る仕掛けを設ける（2.2.2 防煙区画）．

　3）煙を排出する仕掛けを備える（2.2.3 排煙設備）．

　4）安全に避難できる避難施設（廊下，階段等）を設ける（2.2.4 避難施設）．

　5）出火しても火災が拡がらないように火災を一定の範囲に閉じ込める（2.2.5 防火区画）．

(2)避難行動のバリアと対策

　実際の避難行動には，移動を遅らせるさまざまなバリアがある．そこで煙に追いつかれずに，円滑な避難を実現するには，乳幼児の避難行動特性を踏まえ，想定されるバリアを取り除く必要がある．例えば，

　1）避難誘導放送の言葉は日常聞き慣れた言葉ではないことから，幼児には容易に理解できないと考えるべきである．施設・設備での誘導方法の工夫に加え，保育士等の介助が必要となる

（2.3.1 覚知・避難誘導）.

2) 乳幼児は自力歩行困難か歩行速度が遅い. 床の段差は, 散歩の際に利用される多人数用お散歩カー利用の障害となる.

開きやすい扉, 段差解消, 広い廊下等, 基本性能の充実に加え, 煙の拡がりを遅らせるよう, 防煙区画を細かくする, 排煙能力を高める, さらに, 水平移動するだけで安全に待機できる空間を確保するなど, 新たな工夫を加え避難安全の基本性能を高める対策も検討する（2.3.2 水平移動）.

3) お散歩カーのままでは階段での垂直移動はできない. 階段移動が可能な年齢であっても時間がかかる. 恐怖からさらに遅くなる場合がある.

通常は避難に利用できないエレベータによる避難を可能としても, 搬送能力から, 長い待機時間を要する. 水平避難のみで, 必要な待機時間の間, 安全に待機できる空間を設けるなどの実効性のある対策を実施する必要がある（2.4.3 垂直移動）.

2.2　避難安全の基本性能

本節では, 避難安全に必要な基本的な性能はどのような内容であり, それらをどのように確保・維持するのかについて概説する. 本手引きで想定している保育施設の設置形態は, 保育施設用途のみの「単独型保育施設」と他の用途と複合の建物となる「複合型保育施設」に大きく分けられる. さらに複合型保育施設では, 設計時から施設用途の一部として複合するタイプ（設計時複合型保育施設）とオフィスビル等（本体建物）にテナントとして入居するタイプ（設計後複合型保育施設）に分けられる. 設計時複合型保育施設と設計後複合型保育施設の大きな違いは, 保育施設としての整備の容易さの違いである. 前者の場合, 本体建物との共用部分となる扉の形状や配置, 階段寸法や待避スペース（2.3.3(5)参照）の確保, さらには専用バルコニーや階段の設置などの要望への対応を協議することは可能である. 一方, 後者の場合は, 本体建物の状態は前提条件であり, 原則, 変更できない. 保育施設としての対応はテナント工事内で可能な範囲までとなる. なお, 設計変更し, 行政手続きを改めて行い, 着工後または完成後であれば, 改修工事を行えば, 前提条件を変更することは可能である.

本節で述べる安全性能は, 一定規模以上の建物に求められるものであり, 保育施設の設置形態では一般的な規模の小さい 2 階建単独型保育施設には, 面積・規模・階数から法的に対策を求められない性能もある. しかし, 複合型保育施設の場合には, 本体建物に求められる性能が保育施設にも求められる. また, 専用避難施設を有しない限り本体建物の避難施設を利用するので, 基礎知識として説明する.

2.2.1　内 装 制 限

内装材には燃えにくい（準不燃, 不燃）材料を選択すること, 燃えても有毒なガスが発生しない材料を用いることで火災初期の煙の発生量を抑えるようにする. 建築基準法や消防法等での適用規定がなくても不燃化を進めることが望ましい.

単独型保育施設の注意点　乳幼児は避難に必要な時間が長くなることから, 火災の拡がり, 煙の発生を抑えたい. したがって, 内装材を不燃とすることが法的に求められていない場合も不燃材料とすることが望ましい. なお, 3 階以上（東京都では 2 階以上）に設置する場合は, 内装材を

不燃材料とすることが求められる [2.2.1,2)].

複合型保育施設の注意点　複合施設の一部となる場合や入居する場合は，本体建物の内装制限と保育室の設置階に注意する．本体建物に不燃の内装制限がなくても，3 階以上（東京都では 2 階以上）に保育施設を設置する場合は，不燃材料とすることが求められる [2.2.1,2)].

2.2.2　防 煙 区 画

　煙は天井まで昇ってから拡がるので，天井に垂れ壁を設けて拡がるのを遅らせる，または，間仕切壁を設けて煙が拡がらないようにするのが防煙区画である（図 2.2.1）．建築基準法では，通常，床面積が 500 ㎡以下ごとに防煙区画を形成することが求められている．

　区画は，天井から垂れ壁の下端までの高さが 50cm 以上の防煙垂れ壁で形成する．この防煙垂れ壁は，不燃材料で構成する必要がある．扉などの開口部の上端から天井までの間にある壁も，不燃材でできていれば防煙垂れ壁として機能する．もちろん，床までの壁も，不燃材であれば防煙垂れ壁として機能する．また，煙を遮ることができれば壁状でなくてもよく，天井から幅 50cm 程度の帯状のガラスが下がっているものも防煙垂れ壁である（写真 2.2.1b）．また，通常は，天井面に収納されていて火災時に自動的に下りてくる防煙垂れ壁もある（写真 2.2.1c）．なお，防煙垂れ壁は，天井についていることから日常意識されることが少ない．長いものを運ぶ時には，衝突し破損等しないように，注意が必要である．

単独型保育施設の注意点　幼稚園では，建築基準法による防煙区画は求められていない．また，保育所では防煙区画は求められているが，保育所は通常 500 ㎡未満の部屋等で構成されることから，内装が不燃であれば，部屋ごとに防煙区画が成立している場合が多い．このため，写真 2.2.1 に示したような防煙区画を見る機会はないと思われる．ただし，複合型保育施設の場合では，本体建物には防煙区画がある場合が多いので，基礎知識として理解しておきたい．

複合型保育施設の注意点　建物の一部に入居する場合は，本体建物に防煙区画が設定されているので，単体用途としては防煙区画が不要な幼稚園であっても，本体建物の防煙区画と整合させる必要がある．設計時複合型保育施設の場合，設計時に保育施設のレイアウトと整合する防煙区画となっていることを期待できるが，設計後複合型保育施設の場合は，入居エリアに設定されている防煙区画を原則として変更することなく保育施設を設計する必要がある．特に，次に述べる排煙設備との整合がとれるように区画形成に注意する．

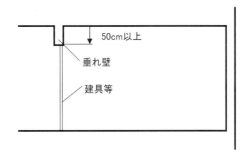

図 2.2.1 防煙区画・防煙垂れ壁の考え方（天井面に沿って拡がる煙を垂れ壁で遮り，遅らせる）

a．壁型
（不燃のボード）

b．ガラス型
（線入りまたは網入りガラス）

c．収納型
（垂れ壁が火災時に下りてくる）

写真 2.2.1 防煙垂れ壁の例

2.2.3 排 煙 設 備

　排煙設備とは，火災時に防煙区画内の煙を屋外に排出する設備であり，住宅と学校等（幼稚園を含む）を除く一定の面積以上のすべての用途の建物に設置が求められている．自然排煙と機械排煙の 2 つのタイプがある（表 2.2.1）.

　ただし，一定の条件の下では設けないこともできる．例えば，平成 12 年 5 月 31 日建設省告示1436 号を適用すると，防煙壁で囲まれ，かつ床面積が 100 ㎡以下であれば排煙設備を設ける必要はない．つまり，床面積が 100 ㎡以下となる居室では，排煙設備を設けないことも可能である．

　しかし，避難に必要な時間が一般の建物に比べ長くなる保育施設では，前述の告示を適用せずに排煙設備を設けることが望ましい．なお，幼稚園は，建築基準法上の用途は学校となるため排煙設備を設ける必要がないが，建築基準法上の用途は異なっても，防排煙に関する空間性能は同様なので，幼稚園でも排煙設備を設けることが望ましい．

単独型保育施設の注意点　防煙区画が部屋単位で，排煙設備が窓を開ける自然排煙の場合は，排煙設備の存在が意識されることはない．このため，火災の際に窓を開ける行為が行われない可能性も考えられる．また，自然排煙用の手動開放装置（写真 2.2.2，2.2.3）も一般的には知られていない．施設管理者は，火災時に窓を開けることや，排煙用の手動開放装置の操作方法を保育士等職員に周知するようにしたい．

複合型保育施設の注意点　本体建物における保育施設の部分が自然排煙の場合は単独型保育施設と同様である．機械排煙の場合，機械排煙の手動開放装置（写真 2.2.4）も一般的には知られていない．また，機械排煙の排煙口（煙を吸い込む穴）は 1 つの防煙区画に 1 つである．このため，1 つの防煙区画内に天井までの間仕切壁を設けると一方は排煙口のない区画となるため，排煙口を増設する必要がある．完成している建物に入居する場合は，本体建物の排煙設備を確認し，適切な対応を実施する必要がある．

表 2.2.1　排煙設備のいろいろ

排煙方式	操　　作
自然排煙	窓を手で開ける
	排煙口開操作ボタンを押す
機械排煙	排煙機の駆動ボタンを押す

(1) 自然排煙

自然排煙とは，窓を開けることで煙を排出する方法である．窓の開け方は，通常の窓を通常通りに手で開ける方法（図 2.2.2）と，専用の手動開放装置（通称，排煙オペレータ）を利用する方法がある．この場合，排煙窓の近くに設置された写真 2.2.2，2.2.3 にあるような装置のボタンを押すと自動的に排煙用の窓が開く．写真 2.2.2 はダンパで窓を押し開く装置である．開くときは，開ボタンを押すだけだが，閉めるときはワイヤをハンドル等を使って手動で巻き上げ，ダンパを拘束する必要がある．写真 2.2.3 は，電動で駆動する装置で，開閉共にボタンを押すだけである．

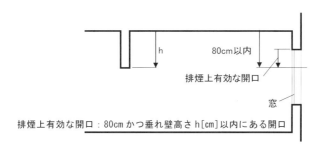

図 2.2.2 自然排煙の考え方（天井面下の煙を窓から排出する）

(2) 機械排煙

専用の設備を用いて煙を排出する方法である．廊下や壁の見えやすい位置に設置された「排煙」と記されたボタン（機械排煙の手動開放装置．写真 2.2.4）を押すと排煙機が作動し，天井または壁に設けた排煙口から煙が排出される．

写真 2.2.2
手動開放装置例（自然排煙用）

写真 2.2.3
手動開放装置例（自然排煙用・電動）

写真 2.2.4
手動開放装置例（機械排煙用）

2.2.4 避難施設

(1) 廊下

避難施設としての廊下は，今いる場所から避難に利用する階段や外部まで，円滑，かつ煙にさらされることなく移動する経路としての役割を担う．このため，階段や外部への廊下は，わかりやすいこと，幅員が十分あること，煙が侵入しにくいこと（防煙），煙が流入してもすみやかに排出されること（排煙）が，設計や維持管理においても基本要件となる．

a. **わかりやすい経路**　どちらへ移動すればよいのか，より最短距離となるのかが誰にでもわかりやすい必要がある．避難経路図のような誘導表示の充実も大切だが，基本性能として，経路をイメージしやすく，自分の位置がわかりやすい平面計画となっていることが望ましい．

　　特に，階相互の垂直方向の主な移動手段をエレベータとして設計している建物では，階段の位置がわかりにくい場合が多い．このような場合は，階段位置がわかりやすいよう誘導表示を工夫する必要がある．

　単独型保育施設の注意点　保育士等は日常の経路を熟知していると思われるが，日常動線とは異なる避難経路もある．定期的に避難訓練を行い，乳幼児を伴っての避難経路も熟知したい．

　複合型保育施設の注意点　本体建物の避難施設を利用する場合，日常動線と避難動線が異なる場合がある．日ごろから避難動線に慣れておきたい．

　　なお，東京都では 2 階以上の階に保育施設を設ける場合は，図 2.2.3 に示すように保育施設から本体建物の廊下に出る出口は 2 か所以上，かつ階段への経路が重複しない配置とするとしている [2.2.1)]．

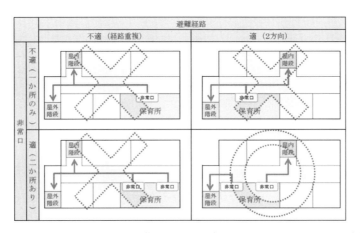

図 2.2.3 複合型保育施設の 2 階以上に保育所を設置する場合の避難経路

（出典：参考文献 2.2.1)）

b. **十分な幅員**　法規や基準等による最低幅員を確保すれば足りるということではない．設計においては，一斉に避難した際に大きな滞留が生じない余裕を確保する．維持管理では，物を置いて幅を狭めることがないようにする．

　単独型保育施設の注意点　バルコニー経由の避難など日常動線と異なる経路の場合，物を置いて経路幅を狭めることがないよう特に注意する．

　複合型保育施設の注意点　避難経路が本体建物と共用の場合，歩行速度が速い多くの健常な成人の避難者と，歩行速度が遅い集団やお散歩カーで移動する乳幼児が共に円滑に避難できる幅員が必要である．設計時複合型保育施設の場合，設計時に留意することで対応可能である．設計後複合型保育施設で避難経路が共用となる場合，保育施設運営者は施設管理者と避難要領（避難の進め方や協力体制等）について協議を済ませておく必要がある．

c. **防煙**　廊下への煙の侵入を抑えるよう，設計においては，建築基準法での規定がなくても廊下と部屋の間は防煙区画することが望ましい．かつ，このように任意に設定した防煙区画で

あっても維持するよう注意する.

単独型保育施設の注意点　保育室と廊下の間に防煙垂れ壁がなく防煙上一体の空間となっていると万一の火災の際には煙が廊下に早く拡がる. また, 階段に区画がない場合(小規模な建物では「2.2.5 防火区画」で述べた区画は, 法令上は規定されていない)は階段を経由して短時間で煙が上階に至り, 避難に利用できる時間が短縮してしまう. このため保育室と廊下の間に防煙垂れ壁を設けることが望ましい. 少なくとも廊下の途中や階段周りに防煙垂れ壁を設け煙の拡がりを遅らせる工夫をすることが望ましい.

複合型保育施設の注意点　本体建物からの煙が保育施設エリアに流入しないように保育施設エリアの境界は, 法規や基準等による制限がなくても不燃壁と不燃扉とすることが望ましい.

d. 排煙　万一, 避難経路である廊下に煙が流入しても煙が降下する時間を遅らせるために廊下には, 原則, 排煙設備を設けることになっている. しかし, 一定の条件の下では設けないとすることもできる. 例えば, 平成 12 年 5 月 31 日建設省告示 1436 号を適用すると, 防煙壁で囲まれ, かつ 100 ㎡以下であれば, 廊下でも排煙設備を設けないことができることになる. これは, 廊下幅 2m とすると長さ 50m までであれば, 排煙設備を設けないことができることを意味する. これは火災避難時の廊下の役割を考えると好ましいことではない.

単独型保育施設の注意点　単独型保育施設の場合は, 廊下面積が 100 ㎡以下になる例も少なくない. しかし, 保育施設では避難に必要な時間が一般の建物に比べ長くなることから排煙設備を設けるべきである.

複合型保育施設の注意点　本体建物の廊下の排煙設備の設置状況によることになる. 保育施設との複合または入居が想定される場合(設計時複合型保育施設)は, 設計者は廊下面積が小さくても排煙設備を設けるべきである. 完成している建物に入居する場合(設計後複合型保育施設)は, 廊下にも排煙設備がある建物を選ぶことが望ましい.

(2) 階段

各階を貫通する階段は, しばしば, 他の階に火災, 煙を拡げる経路の一つになってきた. また, 階段は, 垂直移動可能な, 火災時の屋内での唯一の避難経路であり, 火災時に階段を利用できないと深刻な被害となる可能性が高い. これらを防止するために階段は耐火性能のある壁で囲み, 防火戸(2.2.5 参照)を設けることになってきた経緯がある. このような経緯を経て, 階段は, 防火・防煙への性能が高められており, 階段へ逃げ込めれば, ひとまずは安全という場所と位置付けられている. なお, このように耐火性能のある壁と防火戸で囲まれた階段は, 通称「階段室」と呼ばれているが, 階段室型集合住宅の階段室とは囲まれ方が異なる.

つまり, 建物内の他の空間よりも, 防火, 防煙に対して万全な状態を維持する必要がある. 階段の扉が常閉防火戸(2.2.5 参照)の場合は, 扉に楔などを挟み, 開放状態のままとすることは建築基準法に違反する行為である. 施設管理者は, 開放状態で利用したい場合は, 火災時以外には開いたままにしておける防火戸(常開防火戸, 2.2.5 参照)に改修すべきであり, 設計者は, 開放状態での利用が想定される場合は, 常開防火戸として設計すべきである.

なお, 屋外階段の場合は, 火災や煙にさらされることなく避難できる可能性が高い.

単独型保育施設の注意点　面積, 階数によっては幼稚園では, 建築基準法上は防火区画しない階段も可能であり, 2 階建までの保育施設では, 防火区画のない階段も珍しくない. しかし, 防火区画がない階段が有する危険性は, 階数に関係なく上記のとおりであることから, 2 階建までの

保育施設であっても，階段には防火区画を設けることが望ましい．なお，保育所では2階以上に保育室を設置する場合，国の設置基準等 [2.2.2)] から防火区画された階段が必要である．避難に時間を要することは幼稚園も同じなので，幼稚園でも同様に階段を防火区画することが望ましい．

複合型保育施設の注意点　本体建物の階段を避難に利用する場合，階段の防火区画は成立している場合が多いと考えられる．注意したいのは，本体建物内の他の施設と避難経路を共有する場合他の施設の避難者（成人）と合流しての避難になること，お散歩カーのままでは避難できないことである．これらの対策については，「2.4.3 垂直移動」で詳しく述べる．

（3）エレベータ

エレベータは，現状では避難には利用できない．火災発生直後，避難階へ移動し，停止，扉を開放し，運転を停止する（火災時管制運転）．地震が発生すると最寄り階で停止し，扉が開く（地震時管制運転）．なお，火災時にも運行可能な非常用エレベータは消防隊の進入を主目的として設置されているものであり，避難用のエレベータではない．つまり，津波避難のように，災害が襲ってくる前に「あらかじめ避難」する場合を除き，避難にエレベータを利用できないのが現状である（当該地でも地震が発生し，地震時管制運転になっている場合を除く）．

しかし，エレベータを避難に利用することへの期待は大きく，これまでに技術的な提案がなされてきており，東京消防庁では2013年に避難にも利用できる「避難誘導用エレベータ」の指導基準を整え [2.2.3)]，すでに実現している事例がある（2.3.3(4)c.参照）．

単独型保育施設の注意点　2階建の場合，エレベータの設置がない保育施設も珍しくない．この場合は，階数が低いことを活かして，従来どおりエレベータに頼らない避難となる．

複合型保育施設の注意点　エレベータが利用できないので，階段での避難となるが，3階以上の階からの乳幼児の避難には課題が多い．設計時複合型保育施設の場合は，「2.4.3 垂直移動」を参考に設計時に対策することが望ましい．設計後複合型保育施設の場合は，「2.4.3 垂直移動」を参考に階段廻りの避難バリフリー対策が考慮されている建物を選択することが望ましい．

（4）スロープ（屋外傾斜路）

階移動のためにスロープを設けている建物もある（写真 2.2.5）．設置には建物の外周等に広い面積を必要とすること，動線が長くなることなど実現のための課題はあるが，垂直移動のバリア解消の方法として有効である．スロープを設ける場合は，大きな負担なくお散歩カーを移動できる緩勾配，途中で休憩できる水平部分，万一の際に暴走を止めるための折返しなど，安全確保の工夫をする．

なお，避難用の滑り台は「屋外傾斜路」ではなく，「屋外傾斜路に準ずる設備」である．

単独型保育施設の注意点　お散歩カーが暴走しないよう踊場や折返しを多めに設けることが望ましい．

複合型保育施設の注意点　本体建物の避難利用も想定して設けられている場合，車いすやストレッチャーでの避難も想定されている場合もある．この場合，スロープでの混雑から待機を要する場合もあり，待機が安全な場所で行われることが必要である．本体建物の施設管理者と協議し，避難計画を立案することが望ましい．写真 2.2.5 はバルコニーで待機可能な例である．

（5）バルコニー

国の設置基準[2.2.2)] では，2階以上に保育室を設ける場合に付加を必要とする施設，設備の選択肢が示されている．これらの選択肢の一つとして「バルコニー」も示されている．しかし，2階までに保育室がある場合の「バルコニー」と3階以上に保育室がある場合の「バルコニー」は，役割が異なるので，設計の際には注意が必要である．前者は，避難を待つことができるバルコニーであり，「待避上有効なバルコニー」と呼ばれている．後者は，屋内と階段室が連絡する位置に設けるバルコニーである（2.3.3（4）b参照）．

単独型保育施設の注意点　2階以上に保育室を設ける場合に付加を必要とする施設，設備としてバルコニー設置を選択する場合は，上記のように2階までの場合と3階以上の場合のバルコニーの役割を混同しないように注意する．

複合型保育施設の注意点　2階の「待避上有効なバルコニー」も3階以上の屋内と階段室が連絡する位置に設けるバルコニーも設置の可否は本体建物の計画によるので，国の設置基準に示された他の選択肢も含めて避難施設を計画する．

写真 2.2.5　階移動用のスロープ設置例

写真 2.2.6　外周へのバルコニー設置例

2.2.5　防火区画

防火区画とは，火災が燃え拡がらないように，建物内部を一定の面積以下ごとに，燃え落ちない床・壁・扉で囲む対策である．火災にさらされても，一定時間，燃え落ちない床・壁・扉・シャッター等で構成された建物内の空間である．

通常，床はコンクリート，壁はコンクリートやコンクリート系のパネル，耐火性能のあるボード，扉やシャッターは鋼製である．扉もシャッターも建築基準法では「防火設備」「特定防火設備」と表現される．両方とも炎を遮る性能があるが，炎を遮る性能を維持できる時間に違いがある．通称は，「防火扉」「防火戸」「防火シャッター」である．本手引きでは，扉については「防火戸」としている．床，壁は仕上材で覆われているので外見では判断できない．鋼製扉は，叩くと音でわかる．

床，壁，扉，シャッターのうち，利用者が直接関わるのは防火戸である．通常の扉と同じ形状で，開けても自動的に閉まるタイプが，通称「常閉防火戸」（写真 2.2.7）であり，普段は開いていて，煙を感知すると自動的に閉まるタイプが，通称「常開防火戸」（写真 2.2.8）である．

防火戸や防火シャッターは，火災時には火災や煙が拡がることを抑える役割を担っているので，万一の際には，自動的に閉まる必要がある．したがって，「常閉防火戸」については，扉の下に楔等を挟んで閉まらないようにしないこと，また，普段は壁の「戸袋」等に納まっている「常開防

火戸」については，扉の前に物を置いて閉まらないような状態にしないことが重要である．防火シャッター（写真2.2.9）についても，シャッター下部に物を置いて閉まらないような状態にしないことが重要である．

単独型保育施設の注意点　防火区画は一定の規模より小さい場合は設ける必要がないので，小規模な単独型保育施設では建築基準法による防火区画がない場合もある．しかし，避難に必要な時間が成人健常者より長く必要となる保育施設においては，機能ゾーニングを考慮して，防火区画することが望ましい．例えば，2.2.4(2)で述べた階段の防火区画により，1階と2階を区画する，また，保育所では調理室は防火区画することが求められている[2.2.2]ことが示すように，火気を利用する部屋は防火区画することが望ましい．幼稚園でも厨房を設ける場合がある．この場合，防火区画について法的な規定はないが，安全上の課題は保育園と同じであることから，防火区画することが望ましい．

複合型保育施設の注意点　単独型保育施設の注意点に加えて，保育施設以外での火災による煙・炎が保育施設に及ぶことがないよう，あるいは遅れるよう保育施設として独立した防火区画とすることが望ましい．

写真2.2.7 通称：常閉防火戸　　写真2.2.8 通称：常開防火戸　　写真2.2.9 通称：防火シャッター

2.3　避難行動のバリアと対策

　本節では，避難開始から，建物外部まで避難する過程において想定される，保育施設に特徴的な避難バリアとそれらへの対策（避難安全のバリアフリーデザイン）について述べる．

　また，複合型保育施設の場合に，本体建物が避難バリアフリー対策として備えている，または，備えている可能性がある火災警報・避難誘導設備について説明する．

2.3.1　覚知・避難誘導

(1) 想定されるバリア

　火災発生の知らせや避難指示（火災警報）は，通常，音声で，避難経路の指示は誘導標識等で行われる．これに対して乳幼児は，①放送内容を的確には理解できない，②自力で誘導標識を理解し，避難経路を選択することはできない，③お昼寝時は避難開始が遅れる，④恐怖から混乱も想定される．

(2) バリア軽減

　①②③から避難誘導は保育士等によることになるが，通常と異なり，全員が短時間で移動する必要があり，かつ④も想定されることから，乳幼児も参加しての日常的な避難訓練が大切である．訓練の都度，不具合を見直していく積み重ねが大切である．

(3) 情報伝達のバリア軽減

　a. **複数言語**　外国人の利用も想定される場合は，日本語だけでなく複数の言語により誘導放送，誘導標識，避難経路図表示が行われている．

　b. **ピクトグラム**　誘導標識，避難出口，トイレの表示等に用いられている絵文字である．言語のバリアを小さくする方法である．幼児であれば理解できる表現もあると思われる．保育施設ならではのピクトグラムの工夫も有効と思われる．なお，設置位置については，成人にとって見やすいだけでなく，幼児にとっても見やすい高さとすることにも配慮したい．

　c. **フラッシュ表示**　フラッシュ装置（閃光点滅装置）を設け，視認性を高めた非常口誘導灯の設置が増えている（写真 2.3.1）．

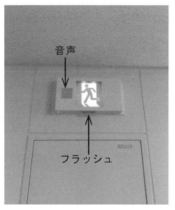

写真 2.3.1 音声+フラッシュ表示の例

　d. **ＡＲ（拡張現実）**　博物館・美術館や大型複合施設等では，スマートフォン等を用いて，具体的かつ詳細な情報を任意の場所で，個人個人に提供する手段として Augmented Reality（AR）の導入検討が進んでいる．多言語，音声，映像による伝達が可能で，かつ位置情報とも連動できることから，その場所での個別の案内も可能となる．

　これは避難誘導にも有効である．例えば，館内案内に利用しているスマートフォン等に，まず，火災を知らせる表示をし，続いて火災状況，個々の場所からの避難経路表示，避難経路上の混雑状況の表示，さらには，混雑状況を踏まえた避難経路の表示などが可能になると考えられる．これらが多言語で音声と文字，映像で可能となる．避難のバリアフリー化からも，今後の普及が期待される．

　複合型保育施設で本体建物が大型の場合など，避難経路選択等のための有用なツールになると考えられる．

2.3.2　水 平 移 動

(1) 想定されるバリア

　保育施設以外の施設は，成人健常者の利用を前提として設計されている．このため，身体能力

が成人に比べて十分ではない乳幼児は，単独で移動しようとするとさまざまなバリアに遭遇する．自力歩行はできない，できても遅い．防火戸を自力で開けることができない．複合型保育施設では，本体建物の避難者と一緒になると行動が制限される可能性がある．自力歩行，ならびにお散歩カーで移動する場合には，次のようなバリアが想定される．

a. **重い扉**　保育施設内で日常幼児たちが利用する扉は，幼児にも開けられるように工夫されているが，他の一般の扉は，特に鋼製の重い防火戸は開けられないと考えられる．

複合型保育施設で，単独の避難経路がなく，保育施設エリアと他のエリアが防火区画されている場合は，保育施設から避難廊下に出る時点で防火戸があることに注意したい．さらに，日常は開いたままの常開防火戸は，存在が意識されていない上に，常閉の防火戸より重い場合があるので，あらかじめ場所を確認し，対応を決めておくなど，特に注意したい．

b. **狭い扉**　乳幼児の避難にはお散歩カーの利用が想定されるが，通常の防火戸の幅は，避難時に多人数用お散歩カーが円滑に通過するのに十分な幅があるとはいえない．

c. **くぐり戸**　大きな常開防火戸には，くぐり戸と呼ばれる戸が設けられている場合がある．防火戸が閉鎖した後は，避難にはくぐり戸を利用するが，通常の幅が 75cm 程度と狭く，かつ，扉下部に立上りがあることからお散歩カーでは通れない（写真 2.3.2）．また，自力歩行の場合は，躓き，転倒の危険も高まる．

写真 2.3.2 くぐり戸

d. **床段差**　床の段差は代表的なバリアだが，歩行者密度が高まる避難時には，健常者にとっても転倒などの事故要因となりえる．保育施設においては小さな段差にも注意する．

c. **通路幅**　自分で経路を判断できない乳幼児の移動は，保育士等の誘導による集団移動，または，お散歩カーによる避難となる．かつ移動速度は健常者より遅い．廊下幅員に余裕がない場合，「渋滞」による避難の遅れが懸念される．

また，複合型保育施設において避難経路が本体建物と共用の場合は，成人健常者と合流が必要となることから，複合施設全体の避難の遅れも懸念される．

(2) 経路のバリア軽減

a. **重い扉**　保育施設では，幼児たちが日常利用する扉は，幼児たちだけで開閉できるように設計されている．注意したいのは保育施設外に出る扉，避難経路上にある本体建物の扉である．

扉には，通常ドアチェックと呼ばれる扉を自動的に閉める装置が付いている．ドアチェックの閉める力が強いと，成人健常者にも開けにくくなる．また，換気や空調のバランスにより，開く側の室内の圧力が相対的に高まると開けにくくなる．このため，竣工時に問題がなくても日常管理にて開けやすさを確認し，必要に応じてドアチェックの強さや空調バランスを調整する．

b. **狭い扉**　単独型保育施設，設計時複合型保育施設の場合は，設計時に確認して円滑に扉を通行できるよう扉幅に余裕を持たせる．設計後複合型保育施設の場合は，入居前にお散歩カーの経路上となる扉を確認し，円滑な避難に不安がある場合は，入居の再考も含め，あらかじめ対応策を検討することが望ましい．

c. **くぐり戸**　くぐり戸下端に立上りがない場合（写真 2.3.3）でも，幅が狭いことから多人数用お散歩カーの通行は困難である．

　　単独型保育施設，設計時複合型保育施設の場合は，設計時にお散歩カーの経路を確認し，経路上にはくぐり戸を設けない設計とする．くぐり戸に代わる方法としては，一般形状の扉を大きな常開防火戸の直近に設ける方法（写真 2.3.4），常開防火戸を両側の開き戸（写真 2.3.5），または，折れ戸とし，最後の 1 枚は一般の扉程度の大きさとする方法などがある（写真 2.3.6）．

　　設計後複合型保育施設の場合は，入居前にお散歩カーの経路を確認し，くぐり戸がある場合は，扉形状の改修を協議する，または，入居を再考する．お散歩カー利用がない場合で，下端に立上りがあるくぐり戸が経路上にある場合も，つまずきやすいことから，同様に協議，再考することが望ましい．止むを得ない場合は，くぐり戸ではつまずきやすいことを念頭に避難訓練を行うなど，転倒回避の工夫をする．

d. **段差解消**　水平移動の経路上には段差を設けない．スロープにて段差を解消する場合，床勾配の変化に気付かず，つまずくことがあるため，床勾配が変わることを認識できるよう床の色を変える，表示するなどの工夫が必要である．写真 2.3.7 は，鉄道駅トイレの導入部の好ましくないスロープ例である．床がすべて同材同色のためスロープの認識ができず，後から文字表示をしてスロープがあることを示している．設計後複合型保育施設の場合は，本体建物のスロープ位置を確認しておき，つまずきを回避できるよう注意をする．

写真 2.3.3
下部立上りがないくぐり戸

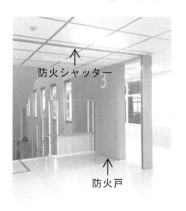

写真 2.3.4
防火シャッター隣に防火戸設置

写真 2.3.5 両開き常開防火戸
開閉を考慮．一方の扉幅を小さくしている

写真 2.3.6 折れ戸の常開防火戸
連結した 2 枚の防火戸が戸袋に収納されている

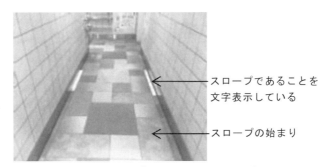

スロープであることを
文字表示している

スロープの始まり

写真 2.3.7 認識できずつまずきやすいスロープ

c.**広い廊下**　避難時の状態や避難者の集中の程度を考慮して，幅員を要因とする滞留が生じない工夫をする．

　　単独型保育施設の場合は，保育施設内の乳幼児の一斉避難なので，集中による混雑も想定できる範囲内と考えられる．

　　複合型保育施設で避難経路が本体建物の避難経路と共用の場合は，合流避難への対応を考慮する．たとえば，保育施設を避難階段の直近に配置することで，本体建物の避難経路と保育施設からの避難経路が重複せざるを得ない区間を短縮する．避難者が集中する集会室が並ぶ廊下を共用する位置には配置しない対策が考えられる．さらに，設計時複合型保育施設の場合は，上記に加え，通路幅を広くする対応をとる．その上で，管理運営において，物を置いて有効幅を狭めないように維持する．

(3) 避難可能時間の延長

　乳幼児の避難に必要な時間は成人健常者より長くなる点に着目すると，避難に利用できる時間を延長する方法も有効である．

　　a.**煙発生の抑制**　火災発生直後の燃え拡がり，煙の発生を抑えるために，建築基準法による規定にかかわらず，内装の不燃化を徹底することが望ましい．

　　b.**小さい防煙区画**　煙は天井面に沿って拡がる．防煙垂れ壁があると，そこでせき止められるので拡大が遅れる．つまり，小さい防煙区画とすると，繰り返しせき止められるので，より遅らせることができる．（図 2.3.1）

　　c.**十分な排煙**　排煙が効果的に行われれば，煙の拡大も降下も遅れる．建築基準法には，避難に利用する廊下であっても，一定の条件を満たせば無排煙にできる規定や排煙量を減ずることができる規定がある．また，既述のように幼稚園には，建築基準法では排煙設備の設置は規定されていない．しかし，避難に利用できる時間を少しでも長く確保する視点から，無排煙とすることや排煙量を減じることは好ましくない．

　　設計後複合型保育施設では，本体建物が排煙を必要としながらも，建築基準法に規定された特殊な計算方法にて避難安全性能を検証することで，排煙量を減じている，あるいは排煙なしとしている場合がある．このような建物に入居する場合は2つの点に注意したい．まず，この検証の際の条件と保育施設のレイアウト等が整合すること．このため，入居の検討の際には，この条件を確認することが大切である．次に，保育施設のレイアウト等が本体建物の検証の条件に整合し，本体建物と同様に無排煙または排煙量の低減が可能であっても，可能な限り本体建物が有する機械排煙を選択することが望ましい．

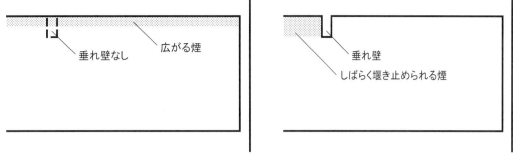

図 2.3.1 小さい防煙区画により煙の拡大を遅らせる考え方
（煙は垂れ壁で堰き止められる．堰が増えれば遠くへ拡がる時間は遅くなる）

（4）より安全な空間確保

　設計時複合型保育施設に入居を検討する場合，本体建物が，より高い安全性能の実現を計画している建物を選択することが望ましい．

a. **安全区画**　安全区画とは，防火区画，防煙区画について，単に規定（例えば，防火区画面積 1500 ㎡ または 3000 ㎡ 以下，防煙区画面積 500 ㎡ 以下など）を満たせばよいとするのではなく，日常の使い勝手と避難経路を考慮しつつ，居室，廊下，階段と進むにしたがって防火防煙区画の性能が高まるように避難計画を行い，それに基づいて区画を形成することで，少しでも早く，より安全な区画へ移動できるようにする考え方である．防火防煙区画のように法令に定義，規定されているものではなく，安全計画の考え方である．

　　例えば，廊下と居室の間の壁は，天井内部でも煙が拡がらないように上階の床下面までの高さとし，同部位の壁・扉を不燃とし，廊下に排煙設備を設け，階段を防火防煙区画すると，廊下が安全区画となる（図 2.3.2）．この安全区画は，防火区画が必要な部位でなければ，壁を上階の床底まで不燃の石膏ボードとし，扉が軽量鋼製扉であれば成立する．これは公共建築やオフィスビル等では一般的な仕様であり，費用も全体工事費に大きな影響となるような増額とはならない．つまり，設計者が少し考慮すれは実現できる性能向上である．また，幼稚園では廊下と保育室の間の壁は耐火壁とすることが求められている（通称 114 条区画．学校の教室と同じ扱い）．つまり，安全区画を設定することは大きな負担増になることはない．

　　なお，天井が不燃材で，隙間なく仕上げられている場合，廊下と居室の間の不燃壁を天井までとして安全区画とする考え方もある．ただし，上階の床下面までの高さとしている特定行政庁もあるので，設計に際しては注意されたい．

居室等	居室等	居室等	居室等	階段
廊下	安全区画		廊下	

階段	居室等	居室等	居室等	居室等

廊下と居室の間の壁と扉：壁は上階の床下面まで．壁・扉を不燃，廊下に排煙設備設置

図 2.3.2 安全区画の考え方

b. 水平避難区画　火災からの避難は，まず，防火防煙区画された階段に逃げ込むことで「ひとまずは安心」という状況になる．しかし，階段まで行くにはさまざまなバリアがあり，時間がかかってしまう場合もある．そこで，階段に達する前に，同じ階を水平に移動しただけで「ひとまず安心」といえる状況をつくるのが水平避難区画の考え方である（図2.3.3）．通常の防火区画を水平避難区画の視点から設定することで実現できる．

　設計時複合型保育施設の場合，設計段階で本体建物に水平避難区画を設定すれば，「2.3.3 垂直移動」で述べる「待避スペース」を広さに余裕をもって確保することが可能である．

　設計後複合型保育施設の場合，本体建物に水平避難区画が設定されているか確認する．設定されていれば，避難計画に活用する．現状では，水平避難区画を設定している例は，病院等に限られるといえる状況であるが，避難バリアフリーへの関心が高まるにつれて，他の用途でも設定される例が増えることが期待される．複合型保育施設を計画する場合は，設計時複合型はもちろんのこと，設計後複合型の場合も配慮事項としたい．

　なお，図2.3.3のように通路の防火区画が一重の場合は，避難が継続すると防火区画が開放状態となる，また，扉に炎が及ぶと扉を介して熱が伝わる，通路への放置物や落下物が障害物となり防火戸の閉鎖が不十分となることも可能性としては否定できない．この対策として，区画を二重化する考え方もある（図2.3.4）．

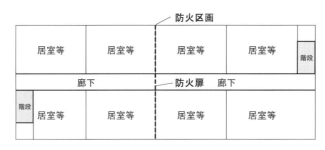

図2.3.3 水平避難の考え方

図2.3.4 二重の防火区画による水平避難の考え方（例）

2.3.3　垂　直　移　動

（1）階段のバリア

　垂直方向の避難移動には，通常，エレベータの利用はできない．乳幼児も階段で避難せざるを得ない．しかし，単独型保育施設を除き，階段の寸法，仕様は幼児の体格に適しておらず，自力歩行できる幼児の移動も数人単位ごとに保育士等が引率する必要がある．自力歩行に難がある乳児は何らかの支援，搬送が必要となる．このため，一度に全員が連続的に避難することができず，待機する場所が必要となる場合もある．さらに，複合型保育施設の場合は，成人健常者と一緒の

避難となるため，双方が互いの行動の制約となる可能性がある．

　　a. **階段寸法**　単独型保育施設を除き，階段の踏面，蹴上げ寸法は，幼児の体格に適した寸法より大きくなっている．このため自力歩行できる幼児も何かにつかまりながらの伝い歩きになる．しかし，頼りの手すり高さも幼児の身長程度となり，伝い歩き用の手すりとしては機能しない（付録3参照）．

　　b. **手すり仕様**　単独型保育施設を除き，階段の手すり形状は，乳幼児の体格・行動を考慮していない．特に高層ビルのように通常の垂直移動をエレベータ利用としている建物では手すりとその支柱だけを設けている例も少なくない．また，格子状に支柱を設けていても格子間隔に転落防止の配慮がなされていない場合も少なくない．このような場合は，乳幼児の転落危険もある．また，怖くて移動できなくなる場合もある（付録3参照）．

　　c. **待機**　数人単位ごとに保育士等が引率する避難方法が想定されるが，この場合，移動に必要な時間が長くなることに加え，引率した保育士等が戻ってくるまで待機が必要な場合もあり，安全に待機できる場所が必要となる．特に煙が早く拡がる出火階からの避難の場合は，煙から守られた待機スペースは重要となる．しかし，特別避難階段を設けている建物を除き，階段と廊下の間に安全な待機場所は設けられていない．

　　d. **搬送**　階段内の搬送方法に指針等はなく，保育施設ごとに工夫を重ねている状況にあると考えられるが，抱きかかえる，おんぶするなどが報告されている（工夫の事例は4章を参照）．このような場合，避難に有効に利用できる階段幅が減少する．例えば，一人を抱き，一人の手を取って移動する場合，成人一人の移動に比べてより幅を要する．また，下階に降りた保育士等は，上階で待機している乳幼児を迎えに行くために階段を上る場合，上り下りが対向する．さらに，複合型保育施設で避難用階段が本体建物と兼用の場合は，本体建物の避難者が乳幼児を追い越せる幅がないと，建物全体の避難所要時間が長くなる．

(2) 階段のバリア軽減

　　a. **低い蹴上げ**　保育施設としての専用階段を除き，建築基準法で規定されている上限値に近い寸法とすると，乳幼児の移動は困難となり移動速度を著しく低下させる可能性があることから，蹴上げ寸法は，低めの設定が望ましい．この場合，健常者の使用にも支障がないよう蹴上げと踏面の寸法比に注意する（付録3参照）．

　　　　設計後複合型保育施設の場合は，入居前に階段の寸法を確認し，幼児が自力で移動可能な寸法か検討し，不安が残る場合，他の対策（待避スペースの確保，スロープ，エレベータ利用など）が可能か検討し，有効な対策を望めない場合は，入居を再考することが望ましい．

　　b. **低い手すり**　手すりは転落や墜落防止の目的もあるが，乳幼児の伝い歩きにとっても重要である．単独型保育施設，設計時複合型保育施設の場合は設計段階から乳幼児の身体寸法を考慮した手すり（低い設置位置，握りやすい細い手すり）を設ける．設計後複合型保育施設の場合は，乳幼児が避難に利用する範囲への手すりの追加も施設の所有者や管理者等と協議することが望ましい（付録3参照）．

　　c. **待避スペース**　避難に利用する階段の入口前に煙から守られた待機できるスペースを設ける．保育所ではすでに基準化されており，国の「児童福祉施設の設備及び運営に関する基準」[2.3.1]では，屋内避難階段については「付室」を設けるとし，表 2.3.1 のように示されている（バ

ルコニー経由で屋内避難階段に連絡することでも可）．また，各自治体でも条例を整備しており，単独型保育施設，設計時複合型保育施設の場合は，設計時で考慮し，設計後複合型保育施設では，入居建物選定の際に確認したい．

　この基準は児童福祉施設を対象としていることから，幼稚園は対象外となる．しかし，幼稚園には自力避難が困難な乳児，2歳以下の幼児がいないとはいえ，空間ならびに避難時の課題は同程度であることから，同様に考慮すべきである．不燃壁と不燃扉で囲んだだけの待機できるスペースでも有効であり，窓があれば排煙も期待できる．大きな負担とはならないので，ぜひ考慮したい．

表 2.3.1 「児童福祉施設の設備及び運営に関する基準」[2.3.1] に示された保育所の待避スペース

保育室を設ける階	「付室」の設置	「付室」の排煙
3階以下	要（壁：耐火構造, 仕上：不燃材料）	不要
4階以上	要（壁：耐火構造, 仕上：不燃材料）	要

「付室」：特別避難階段の付室との兼用も可

　同基準では，避難用施設として，上記の屋内階段のほかに，避難上有効なバルコニー，屋外傾斜路，屋外階段も示し，1以上設けることとしている．屋外階段については，2.3.3(1)で述べたバリアに加え，地上までの高さを怖がり動けなくなることがあるので，下が見えないようにするなどの工夫が必要である．バルコニー，屋外傾斜路は，2.3.3(4)を参照のこと．

d. **広い幅員**　おんぶ，抱きかかえ，手を引いての階段避難，上り下りの対向，本体建物の避難者との合流に対して，滞留を生じさせないためには，階段幅を広くする必要がある．オフィスビルの一般的な階段幅 1.2m では十分ではない．少なくとも学校の階段幅の最低基準である 1.4m 以上としたい．独立型保育施設，設計時複合型保育施設の場合は，設計時に考慮する．設計後複合型保育施設の場合は，入居時に注意する．

(3) 人的支援

　保育士等のみによる搬送では，乳幼児の待機と保育士等の階段往復が必要となり，避難所要時間は長くなることは避けられない．この対策として複合型保育施設の場合は，本体建物の成人健常避難者による支援を期待したい．彼らが保育士等と同様に乳幼児の移動，搬送を行えると保育士等の階段往復を減ずることも可能になると考えられる．この場合，本体建物の階段内移動時間の短縮も期待できる．

　なお，安全かつ効果的に実施するためには，本体建物からの支援者も参加した避難訓練を行い，乳幼児との接し方，支援の要領，分担を日常から習得しておく必要がある．

(4) 階段以外の垂直移動

a. **屋外傾斜路**　「児童福祉施設の設備及び運営に関する基準」[2.3.1] では，4階以上の階に設置された保育施設の避難施設として屋外傾斜路も有効とされている．これは，2.2.4(4)で示したスロープであり，滑り台状の設備ではない．注意点等は 2.2.4(4)を参照のこと．

b. **バルコニー**　「児童福祉施設の設備及び運営に関する基準」[2.3.1] では，保育室の設置が2階

までの場合は,「待避上有効なバルコニー」も屋外階段および傾斜路と同等に評価できるとしている [2.3.2].同基準では,「待避上有効」の内容は示されていないが,保育所における屋外階段設置要件に関する検討委員会(第1回)の資料によると [2.3.2],「一時的な待避が可能であり,消防隊による救助も期待できるものである」とされている.同基準 [2.3.1] に示された内容だけではバルコニーが単独であるだけでも可とも読めるが,検討委員会資料 [2.3.2] では,地上に直接通じる階段との連絡が必要としているので注意したい.

c. **エレベータ利用避難**　エレベータによる避難は,通常は認められておらず,乗用エレベータは,火災時には避難階に自動的に移動し,運転を休止することになっている(火災時管制運転).また,火災時にも運転可能な非常用エレベータは,消防隊進入用であり,避難施設として位置付けられていない.

　しかし,避難のバリフリー化にはエレベータを利用した避難への期待は大きい.例えば,消防隊員の支援を受けて,お散歩カーに乗ったまま非常用エレベータにて避難することは現状でも考えられる.実際に,非常用エレベータを避難にも利用するための設計上の工夫もみられ,一部でエレベータ利用避難が認められるようになった [2.3.3].

　非常用エレベータを避難にも利用されることを想定する工夫のポイントは,消防活動に支障がない待機できるスペースの確保である.まず,同スペースは,非常用エレベータの乗降ロビー内となる.この乗降ロビーは,本来は消防隊の活動に利用するためのものであるから,待機するスペースにも利用する場合は,待機に要する面積を本来の乗降ロビーに必要とされる面積に加算する.そして,乗降ロビー内での消防活動のエリアや動線と重複しないように待機できるスペースを確保できるように,位置,乗降ロビー全体の平面形状を工夫する.避難待機中に乗降ロビーの扉の開閉回数が高まると考えられることから,扉が開いた時の煙流入を抑えるため,扉上部に固定の防煙垂れ壁を設けるなどの工夫をする.

　東京都においては東京消防庁が定める要件等を満たすことで認められる事例も実現してきている.ただし,実現には事前に十分な検討,協議が必要である.詳細は東京消防庁による「高層建物等における歩行困難者等に係る避難安全対策」[2.3.3] 等を参照されたいが,概要を図 2.3.5 に示した.ポイントは,非常用エレベータの乗降ロビーを待機に利用できる面積を有する広さとすることである.東京消防庁の規定では,このスペースを「一時避難エリア」と称している.

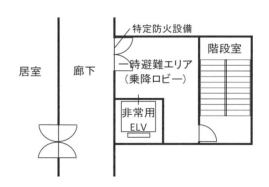

図 2.3.5 東京消防庁による
避難誘導エレベータの概念図

d. **避難器具**　一定の条件に該当する保育施設は,避難器具の設置が求められている(消防法施行令25条1項).保育施設で選択可能な避難器具を表2.3.2に示したが,これらのうち,幼児が自ら利用できる避難器具は,避難滑り台と避難橋である.タラップ,はしご,緩降機,救助袋は幼児1人での利用は困難と考えられる.なお,タラップ,はしごとは,はしご状の器具,緩降機とは,ロープにぶら下がる器具,救助袋とは,筒状の布の中を滑り降りる器具である.

表 2.3.2　保育施設で選択可能な避難器具

避難器具/階	2 階	3 階	4 階	5 階	6～10 階
避難用タラップ，避難はしご	○	×	×	×	×
緩降機	○	○	○	○	×
救助袋，避難滑り台，避難橋	○	○	○	○	○

○：設置可，×：設置不可

避難滑り台：保育所，幼稚園に設置例が多い，いわゆる滑り台の形をしている避難器具である．安全に幼児が連続して降下するためには，滑り台の上部と下部に保育士等を配置するなど，避難手順をあらかじめ決めて，避難訓練により慣れておくことが重要である．また，幼児が滑り台からの墜落を防止する策が必要である．

避難橋：隣接する建物へ避難するため，建物間をつなぐ橋状の構造物である．日常的に両端が固定されているものと避難に利用する時に架けるものがある．手すり子の間隔は18cm以下と規定されているが，保育施設の場合，手すり子の間隔を推奨されている寸法（11 cm）まで狭めることが望ましい．また，床や手すりから下が見えると，幼児が恐怖心から途中で立ちすくむことも考えられるので，下が見えないように工夫することも必要である．

(5) 待避スペース

2.3.3(2)c で述べたように，国の「保育所における屋外階段設置要件に関する検討会」[2.3.2) では保育室等を「4 階以上」に設置する場合に事前に検討すべき事項として，「屋外からの救助を待つことができる広さのスペースが確保できること」とし，これらのスペースは「①避難階段前の付室，②区画された部屋，③保育室とは別の階の外気に接することのできるような安全なスペースが考えられる．」とされている[2.3.4)．

避難安全性の向上にとって大切な役割を担うスペースであることから，やや専門的な内容になるが，「東京都保育所設備・運営基準解説」[2.3.5)を参照して補足説明する．なお，「東京都保育所設備・運営基準解説」では，①～③を「待避スペース」としているので，本手引きでもこれに倣った．

①避難階段前の付室：この付室には，建築基準法で規定されている特別避難階段の付室と同じ性能が求められている．耐火壁，特定防火設備で囲み，排煙設備，給気設備が必要となる．特別避難階段の設置が必須なのは，15 階以上の階に居室を有する建物の各階である．つまり，14 階以下の建物には通常は設けられないので注意が必要である．本体建物に特別避難階段が設けられている場合も，面積要件（保育室面積の1/8 以上）を満たすか確認する必要がある．

②区画された部屋：避難に有効な屋外斜路または屋外階段に隣接するなど避難上有効な位置に区画された部屋を設けるとされている．区画の性能は示されていないが，①での性能を踏まえると，屋内側は耐火壁，特定防火設備で区画された屋外に面する区画と考えられる．

③保育室とは別の階の外気に接することのできるような安全なスペース：まず，建築基準法で規定されている特別避難階段のバルコニーとされている．また，これに替わるスペースとしての要件が示されている．これによると，屋外避難階段に接続する外気に面する待避できるスペースとなる．詳細は，同解説を参照されたい．

　国の「児童福祉施設の設備及び運営に関する基準」ならびに「東京都児童福祉施設の設備及び運営の基準に関する条例」では，「2階，3階」に保育室を設ける場合においても，階段前への付室（給気，排煙までは求めていない），または，バルコニーの設置を求めているので注意したい．なお，3.5.2で避難行動における待避スペースの活かし方，5.2に待避スペースの設置例を示した．

（6）避難支援スペース

　同じく避難安全のバリアフリー化が課題となっている病院では，垂直避難への具体策として，垂直移動と水平移動を効果的に関連付けた「避難支援スペース」が提案され，実現もしている．これには大きく2つのタイプがある．階段，エレベータ等の垂直移動動線の周囲に待避できるスペースを設ける「避難支援スペース（拠点型）」と，水平避難の考え方を発展させてフロア全体を利用する「避難支援スペース（フロア型）」である[2.3.6]．

　これらは，保育施設の避難バリアフリー化においても有効であるので，保育施設における避難支援スペースのあり方について概説する．

単独型保育施設の場合：避難支援スペース（フロア型）の場合，水平避難区画（2.3.2(3)b.参照）を形成する必要がある．この区画は耐火構造の壁と特定防火設備（防火戸）で構成される．主に保育室で構成される各階を耐火構造の壁と防火戸で区切ることは，乳幼児の日常の生活空間を損なうことも懸念される．このため，単独型保育施設では，避難支援スペース（拠点型）を主として検討する．

複合型保育施設の場合：専用の階段を設置していない限り，保育施設単独で対応できる対応は待避スペースの確保までとなる．そこで，複合型の場合，本体建物に避難支援スペース（フロア型）の設定を本体建物の所有者等に働きかけることになる．本体建物が医療施設の場合やオフィスビルの場合でもキーテナントが中間階に保育所を設ける場合などは，実現性はあると考えられる．

a. 避難支援スペース（拠点型）

　2.3.3(5)の待避スペースと意図は同じで，待避するスペースの火災安全性をより高めたものとする．

　屋内型：4階以上に保育室がある場合の待避スペースへの要求性能（耐火構造の壁と特定防火設備（防火戸）で囲み，給気排煙設備を設ける）に次の要件を加えることとする．

　扉性能の向上：保育室等と付室の間に前室状のスペースを形成できるようにする．これにより，避難継続中の煙の侵入抑制，防火設備の閉鎖不良に備える．前室状スペースは保育室等から付室に通じる廊下の一部を特定防火設備（防火戸）で区画する方法が考えられる．また，日常の利便性も考慮し，常時開放型でも可とする．ただし，扉が開いている際の煙流入を抑えるため，固定の防煙垂れ壁を設ける．

　外が見える窓：待避中の不安感の緩和を目的として外が見える窓を設ける．窓が特別避難階段の付室の給気排煙の性能を満たす場合，機械設備による給気排煙に替わることもできる．

　余裕ある広さ：東京都の基準解説では，待避スペースの広さは当該階の保育室等の面積の 1/8 以上とされている[2.3.5]．保育室等の面積は，乳児室 1.65 ㎡／人，保育室 1.98 ㎡／人，ほふく室（はいはいする部屋）3.3 ㎡／人以上とされている．保育室で構成された階の場合，「待避スペース」の広さは，0.25 ㎡／人（1人あたり50 cm×50 cm）となる．これは，座って待機するには狭い．不安を軽減して落ちついて待機できるよう上記基準より広く確保すること

が望ましい.

　なお，待避スペース面積は特別避難階段の付室より広くなるケースが多いと考えられる．設計の際は，早めに必要面積を確認することが望ましい．例えば，幼児 20 人用の保育室が 4 室あった場合，待避スペースは約 20 ㎡以上となる．これは，非常用エレベータの乗降ロビーの最低床面積の 2 倍，階段と同程度の面積であり，設計の初期段階で考慮していないと容易には設けられない規模である.

　屋外型：付室に代わり，バルコニーを経由して階段に至る方法もある．この場合，バルコニーへの出口扉，階段への入口扉は特定防火設備（防火戸）とする．また，バルコニーに面する屋外の壁は耐火性能のある壁とし，窓等の開口は設けないこととする．広さは「待避スペース」の基準と同じとする．バルコニーだけでは面積の確保が難しい場合は，同一階の屋外スペースを利用するなどの対応もある（図 5.2.2 参照）．2～3 階建ての場合は，特別避難階段の付室に相当する場所を確保するより容易な方法と思われる.

b. 避難支援スペース（フロア型）

　病院以外の用途での採用は，限られていると考えられる．しかし，避難安全のバリアフリーへの認識が高まると病院以外の大型施設でも採用例が増えてくる可能性もある．超高層ビルでの複合型保育施設の垂直移動のバリア解消にも有効な方法の一つであるので，病院以外の用途の本体建物の設計においても，積極的な検討を期待することから参考に概説する.

　計画の要点は，水平避難計画（2.3.2(3)b.）における防火防煙の性能を高め，出火室と同一階に，一時的に安全に滞在できる空間をつくることである.

　まず，図 2.3.4 に示したように，1 フロアを二重の防火区画で分割する．区画が二重になったことで，一方の防火戸の作動状況が良くなかったり，防火戸の裏面まで炎が迫り，扉の温度が上昇しても滞在スペースには影響が及ばない．これにより，区画された 2 つのエリアのうち，片方は少なくとも一時的に安全に滞在できる空間（避難支援スペース）になるとする考え方である．より信頼性を高めるために防災設備面の充実も必要であるが，建築計画においては，隣の区画から避難してきた人々が滞在できるスペースが必要となる.

　滞在には，主に本体建物の共用部である廊下を利用するので，本体建物の成人と合流利用となる．このため，乳幼児の待機やお散歩カーがあっても通行に支障がないよう，広めの廊下幅とする．設計時点で保育施設の入居が決まっている際は，乳幼児やお散歩カーが待機できるスペースを本体建物の設計段階で計画することも可能性があると考えられる．例えば，高層オフィスビルの複数階に入居予定の会社が，社員を対象とした保育所を入居フロア内に設ける場合などへの適用が想定される.

　なお，待避スペースと避難支援スペースは，前者が児童福祉施設（保育所）についての国の基準でも設置が求められているスペースであり，後者は本手引き等で提案しているスペースであり，保育施設に限った提案ではない．設置意図が重なる部分も少なくないが，本手引きでは，前者の待避スペースを中心に述べる.

参 考 文 献

2.2.1）東京都福祉保健局少子社会対策部保育支援課：東京都保育所設備・運営基準解説，2017.6

2.2.2）児童福祉施設の設備及び運営に関する基準，昭和 23 年厚生省令第 63 号

2.2.3）東京消防庁：高層建物等における歩行困難者等に係る避難安全対策

www.tfd.metro.tokyo.jp/hp-yobouka/data/high-rise03.pdf，（2017 年 8 月 20 日アクセス）

2.3.1）児童福祉施設の設備及び運営に関する基準，平成 26 年 9 月 5 日付雇児発 0905 第 5 号厚生労働省雇用均等・児童家庭局長通知

2.3.2）保育所における屋外階段設置要件に関する検討会（第 1 回）平成 25 年 12 月 13 日資料 2 保育所における屋外階段設置要件について

https://www.mhlw.go.jp/file/05-Shingikai-11901000-Koyoukintoujidoukateikyoku-Soumuka/0000032924.pdf,2020 年 2 月 17 日アクセス

2.3.3）東京消防庁：高層建物等における歩行困難者等に係る避難安全対策

https://www.tfd.metro.tokyo.lg.jp/hp-yobouka/data/high-rise03.pdf,2020 年 2 月 17 日アクセス

2.3.4）「保育所における屋外階段設置要件に関する検討会」とりまとめ

https://www.mhlw.go.jp/file/05-Shingikai-11901000-Koyoukintoujidoukateikyoku-Soumuka/0000042673.pdf,2020 年 2 月 17 日アクセス

2.3.5）東京都福祉保健局少子社会対策部保育支援課：東京都保育所設備・運営基準解説，2017.6

2.3.6）日本建築学会：医療施設における避難安全のバリアフリーデザインの手引き，2018

第3章　保育施設における避難安全計画

　本章では，保育施設における避難安全計画について，保育施設に通う乳幼児の避難行動能力や日常の活動単位等を踏まえた避難方法，ならびに保育施設のタイプ別の避難計画および留意点等について概説する．

3.1 保育施設の避難安全に関する特徴と本章で対象とする施設

(1) 保育施設の避難安全に関する特徴

　保育施設には，保育所，幼稚園，認定こども園，託児所などがあり，昼間や夜間などに定常的に，または一時的に保育を必要とする乳幼児を預かる施設である．

　保育対象の乳幼児（以下，園児という表現を用いる場合もある．）は概ね0歳の乳児から小学校入学前の6歳の幼児までであり，火災等の災害時には園児自らが判断して避難することは難しく，保育士や教諭等（以下，先生という）が介助や誘導を行い，一緒に避難することが必要となる．

　また，先生の人数に対して園児の人数が多いため，他の施設に比べて避難安全についてよく考えて計画しておくことが重要である．

(2) 本章で避難安全を考える保育施設

　保育施設にはさまざまなものがあるが，本章では，保育所を対象に避難安全を考える．一般的に園児は保育所では，朝に登園し，昼食，お昼寝し，夕方に降園する．その後，延長保育や夜間保育を行ったり，夕食を食べたり，仮眠をする場合もある．幼稚園では朝に登園し，昼食，午後の授業の後，降園する．お昼寝はなく，延長保育もない場合が一般的である．近年では保育所と幼稚園の機能を合わせ持った認定こども園も増えてきている．

　保育施設の中でも，保育所は日中のみに利用される幼稚園に比べて滞在時間が長く，お昼寝や夜間保育などもあり，さまざまな場面での避難安全への配慮が必要となることから，この章では保育所を対象として避難計画を説明する．なお，保育所を対象に説明することで，幼稚園など他の保育施設の避難安全計画にも適用できると考えられる．

3.2　保育施設の避難安全で考慮すべきこと

　火災時には，自分のいる部屋から避難階（通常1階）に降り，さらに屋外にある安全が確保された最終避難場所まで避難する必要がある．乳幼児は，成人に比べて身体能力や対応能力が十分ではなく，一人では避難できないため，保育士が介助する介助避難の計画が必要になる．できるだけ避難介助のための最終避難場所との往復を減らし効率的な避難ができるように（一度に乳幼児全員が避難することが望ましい），介助者となる保育者やスタッフの人数と役割をあらかじめ確認する．さらに乳幼児は長い距離を連続して移動することが難しい．乳幼児のいる場所と最終避難場所が遠いと避難が難しくなるため，できるだけ短い距離で避難できるとよい．加えて成人に比べて体が小さく，成人の避難者の集団に巻き込まれると転倒する・押し潰しなどの危険な場合も考えられる．乳幼児が最終避難場所まで一気に逃げられないことを考え，避難途中で一時的に安全にとどまれる待避スペース（図 3.5.1，2.3.3 (5) 参照）を確保する必要がある．待避スペース

は，保育施設と同じ階で火災や煙から区画され，一定時間，安全を確保できる場所とする．待避するかどうかの判断や待避後の救助方法などについて，建物の防災管理者や消防などと事前に協議しておく必要がある．その際，非常時の連絡手段や建築物内の施設外の人への協力援助要請などについても事前に取り決める．

(1) 乳幼児の避難行動能力および日常の行動単位

　乳幼児は，成人に比べて身体能力や対応能力が十分ではなく，自力では避難できない．また，成人に比べて体が小さく，成人の避難者の集団に巻き込まれると転倒するなどの危険な場合も考えられる．保育施設には 0 歳から 6 歳までの乳幼児がいるが，年齢ごとに避難行動能力の違いが大きい．0 歳児は自分で歩くことが難しく，2 歳児は歩行がおぼつかない．2〜3 歳児は先生の指示に従って集合することや，指示された方向に自ら移動することができない．3〜5 歳児はしっかり歩行できるが，どこに逃げればよいかを自ら決めることはできない．

　年齢別の介助避難方法は，概ね以下のとおりである．0〜1 歳の乳児は先生などスタッフがおんぶや抱っこをして避難させ，2 歳児は手を引いて避難させる．3 歳児以上になるとグループになり廊下などを歩くことができるようになるが，3 歳児は階段を下りるのが苦手な子がいるため手助けをして避難させ，4〜5 歳児はグループになって前後に先生がつくことで避難させる．

　以上のように，年齢別クラスごとの避難方法により先生等の役割が異なるため，年齢クラスごとの避難方法の違いや園児の避難行動能力に対する理解が重要である．

(2) 乳幼児の避難行動能力に応じた介助避難

　保育施設では日常の行動能力も年齢による違いが大きいため，日常的に年齢別でクラスで活動している場合が多い．年齢別クラスは 0 歳児クラスから 5 歳児クラスまで 1 歳ごとのクラスとなっていることが多い．乳幼児は年齢ごとの避難行動能力の違いが大きいことから，年齢別のクラス分けに合わせて介助避難を計画する．クラス全体で同じ避難方法をとる場合には，年齢が小さい園児に合わせた避難とするか，できない園児を先生が個別に介助するとよい．乳幼児は成人に比べて避難行動能力が十分ではないことから，保育施設では先生によるおんぶ，抱っこ，手つなぎ避難等による介助避難が必要となる．

(3) 一般成人の避難経路と分離・独立した乳幼児の避難経路計画

　複合施設では，一般に乳幼児と成人が同じ避難経路となることが考えられる．しかし，乳幼児は歩行速度が遅く体も小さいことから，成人と合流して一緒に避難すると，転んだり押されて転落したりするなど危険になる可能性がある．このため，乳幼児の避難経路となる廊下や階段はできるだけ独立して専用であることが望ましい．独立した経路が確保できない場合には，時間をずらして避難する計画を行う．乳幼児を火災覚知後の早い時点で他の避難者より先立って避難させるか，安全な一時待避スペースに退避して，他の避難者が避難してから避難させる計画とする．この時，複合施設の防火管理者や消防などと非常時の対応・救助方法を事前に協議する必要がある．

　保育施設の避難では，保育室から避難経路を通り地上屋外まで移動する．

　避難経路は単独の施設では，保育施設＜居室→廊下→階段→避難階（1 階）＞→最終避難場所（屋外）となる．

　大規模な複合施設では，保育施設＜居室→廊下＞→共用廊下→（待避スペース）→共用階段→避

難階（1階）→最終避難場所（屋外）となる．

　乳幼児の施設では，最終避難場所が遠く，一気に避難できない，成人と一緒に避難しなければならない場合などには，十分な安全性を確保するために，火煙の影響を受けずに安全に待つことができる待避スペースを保育室付近に計画する必要がある．

3.3　保育施設のタイプ別の避難方法

　保育施設の建物は，従来は保育施設単独で階数が3階以下のものが多かった．近年は，高層建物の一部に保育施設が設置される複合施設が多くなっている．複合施設の低層階に設置される保育施設に加えて，複合施設の高層階に設置される保育施設も見られる．複合施設では，保育施設の園児と他施設の成人の避難者が廊下や階段で合流すると，園児が押し潰されるなど危険になるため，安全対策が必要である．ここでは保育施設のタイプ別に避難方法，留意点が異なるため，それぞれの避難方法の特徴を以下に述べる（1.8節参照）．

(1) **単独型保育施設**：従来から多く見られる保育施設単独の建物となっているタイプ（写真3.3.1）
・避難経路：保育施設＜居室→廊下→階段→避難階（1階）＞→最終避難場所（屋外）
・避難方法：火災時には保育室から避難経路を通って1階屋外まで避難する．できるだけ火や煙を避ける経路を通って避難できるように，2つの異なる方向に向かう避難経路を計画するとよい（二方向避難）．保育室が2階以上にある場合には，火と煙から守られた避難階段や屋外の階段を利用して避難する．保育施設では園児は自分ひとりでは避難できないため，保育士等が介助・誘導しながら避難する．日常の生活に合わせて，クラス別での避難を計画する．火災発生時には保育室で園児を1か所に集め，避難の準備をする．自力で歩けない乳児は保育士等がおんぶ，抱っこで介助避難する．自力で歩ける幼児は2人ずつ手をつなぐなどして列を作り，保育士等が誘導しグループで避難する．廊下などを水平に移動するよりも，階段などを垂直に移動する方が園児にとって難しく，介助する保育士も多く必要になるため，実際の訓練などを実施し実態に合った計画をするとよい．避難訓練の計画・実施を通して，介助に必要なスタッフ数，避難にかかる時間などを確認する（3.4.5，4章，付録5参照）

(2) **複合型保育施設**：複合施設の低層部・高層部に保育施設を設置するタイプ（写真3.3.2）
・避難経路：保育施設＜居室→廊下＞→共用廊下→（待避スペース）→共用階段→避難階（1階）→最終避難場所（屋外）
・避難方法：複合施設内に保育施設があるタイプであるため，園内から複合施設の共用廊下までの避難と共用廊下から建物屋外までの避難に分けて考える．園内から共用廊下までの避難は単独型保育施設と同じである（単独保育施設の項参照）．複合型保育施設では，複合施設の他用途の施設からの成人の避難者が同時に避難することになる．この時，複合施設内の避難階段や廊下を共用することになる．そこでは，園児と成人が合流し，園児と成人がぶつかることで転倒して怪我をするなどの恐れがある．特に高層部に保育施設を設置する場合は，園児と成人が避難廊下や避難階段で合流し，長時間一緒に逃げることになる．そのため，保育施設の園児のみが使用する独立した避難経路の確保や，避難する時期をずらすために一時的に安全に待つことのできる待避スペースを確保して，園児と成人の合流を極力避ける．

　独立した避難経路を確保するために，保育施設専用の避難階段や避難廊下が設置されていることが望ましい．専用経路がない場合，避難する時期をずらすためには，保育施設と同一

階に一時的に安全にとどまれる待避スペースを設置する．特に複合施設の高層部に保育施設が設置されている場合は，園児が長い距離の階段を一気に下りられないため，待避スペースの利用が有効である．火と煙から守られた待避スペースを避難の途中に利用することで，避難する時期をずらすことや，避難途中での一時休憩したり，他の人が避難し終わるまで待避し消防隊などによる救助を待つことが可能になる．複合型保育施設の避難では，園児が長い距離階段を下りる必要があるため，園児の体の寸法に合わせた緩やかな階段，園児用の低い手すりを含む二段手すりが設置されているとよい（付録3参照）．階段を下りて屋外に避難した後にとどまる最終避難場所をあらかじめ設定する．この場所で保護者などに園児を受け渡すために，事前に場所・方法などを周知しておく必要がある．

写真 3.3.1 単独型保育施設の例

写真 3.3.2 複合型保育施設の例

3.4　乳幼児の避難行動能力と年齢クラス別の避難計画

(1) 乳児と幼児の避難行動能力と建物の避難安全性

　保育所には，歩行できない 0〜1 歳の乳児と歩行はできるが成人に比べて避難行動能力が十分ではない 2〜5 歳の幼児がいるため，一般の建物のように成人を前提とした避難計画ではなく，乳幼児の避難行動能力に合わせ，保育士等が手助けしながら逃げる介助避難とする．大きく高い建物では，乳幼児が一気に屋外まで避難できないことを考え，一時的に建物内で安全に待避する場所（バルコニー，待避スペース）を確保するなど，成人のみの施設より安全な避難計画を考える．

(2) 年齢クラス別の避難方法の重要性

　保育所では，年齢による行動能力の違いが大きいことから，日常的に年齢別のクラス単位で行動していることが多い．園児にとっては，日常的に慣れている先生等を介助者とすることで円滑な避難ができるため，年齢クラス別の避難方法を考えることが重要である．また，クラス単位で定期的に避難訓練を実施することは，介助する側の人数確保および対応方法の把握に有効である．避難訓練に関しては，4 章で解説する．

(3) 年齢クラスの名称と園児の実年齢との関係

　1 歳児クラスには 4 月 1 日時点で 1 歳の乳幼児が在籍し，4 月 2 日以降に誕生日を迎えると 2 歳となるため，1 と 2 歳の乳幼児が混在することとなる．このため，クラス名と実年齢には違いがある．なお，0 歳児クラスでは入所時期により 2 年間在籍する乳幼児もいる．2 歳児クラス以下では，乳幼児それぞれの月齢・発達により同じクラスの中でも園児によってできることの違いが大きい．また，同じクラスでも月が進むにつれて誕生日を迎えた 1 歳上の乳幼児の割合が増え，行動能力が高まる．3 月末の時点では前年の 1 つ上のクラスの 4 月時点とほぼ同じ能力となる．そこで，年齢クラス別（n 歳児クラス）に，乳幼児の実年齢（n 歳）による避難行動能力と年齢クラス別の避難方法を整理して以下に示す．

3.4.1　自力歩行できない乳幼児（0〜1歳児クラス）の避難計画

（1）0歳児クラスの避難計画

・避難行動能力

　　　0歳　　　：四つん這いでのハイハイの状態からつかまり立ちができる程度．

　　　1歳前半：概ね1歳〜1歳2か月まではかなり不安定な歩き方．

　　　1歳後半：やっと歩き始める段階であり，足下がおぼつかないよちよち歩き．

・避難方法（先生によるおんぶ・抱っこ避難，ベビーカー・お散歩カー利用）

　園児が自ら歩いて避難することが難しいため，先生による介助避難となる．先生は園児をおんぶまたは抱っこするなどして介助避難をする．おんぶ紐を用いることで1人をおんぶして，もう1人を抱っこすることで園児2人同時の介助避難が可能である．この場合は手が使えなくなることから，他の作業が必要な場合や長距離あるいは長時間の移動には適さない（写真3.4.1）．

　同一階の階段室までの移動等，段差のない部分での水平移動では，日常的に散歩等で利用するベビーカーや多人数ベビーカート（以下，お散歩カーという）を利用することもでき，短時間での水平移動や待避スペースで幼児を1か所に集めておくことが容易になるなどの効果が期待できる（写真3.4.3）．具体的には，単独型保育施設の1階における屋外での利用や複合高層型施設の保育施設が入居する階における階段室までの水平移動などへの活用が考えられる．

　なお，避難に際しては，逃げ遅れがないように避難を始める前，途中，後ろに園児が全員そろっていることを確認するための人数確認を行う必要がある．また，どの先生がどの園児を介助するのかなど，あらかじめ役割分担をしておくことも必要である．おんぶ紐を使用しておんぶする場合には，その準備のための時間が必要になり（写真3.4.2），先生が互いに手伝いながらおんぶする準備をすることも必要となる．

写真3.4.1 おんぶと抱っこによる2人同時避難
（撮影協力：(株)日本保育サービス）

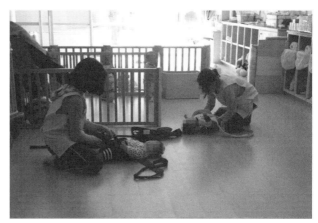

写真3.4.2 おんぶの準備
（撮影協力：(株)日本保育サービス）

（2）1歳児クラスの避難計画

・避難行動能力

　　　　1歳前半：概ね1歳〜1歳2か月まではかなり不安定な歩き方．

　　　　1歳後半：やっと歩き始める段階であり，足下がおぼつかないよちよち歩き．

　　　　2歳前半：水平歩行は多少安定してくるがまだ不安定であり，階段歩行は困難である．

　　　　2歳後半：水平歩行は安定してくるが，成人と比較して歩行速度は著しく遅い．廊下などの
　　　　　　　　　水平移動では4〜5人程度の集団を先生が見守ることで避難が可能となるが，階
　　　　　　　　　段を下りる際には歩行が不安定である．2歳児は，園児同士2人ペアで手を取り
　　　　　　　　　あっての行動や，言われたとおりに集合するなどのグループでの集団行動ができ
　　　　　　　　　ない．

・避難方法（先生との手つなぎ避難）

　　園児によって歩行能力の違いが大きく，しっかり歩ける園児が少ないこと，0歳児クラスに比べて体が大きくなり，先生は園児1人を抱っこするのが限界となることなどから，先生と園児とが手をつないで避難することとなる．先生1人で園児2人の手を引いて避難することができるが，歩行が不安定なため歩行速度は遅く，体力も十分ではないため，長距離の移動は難しい．

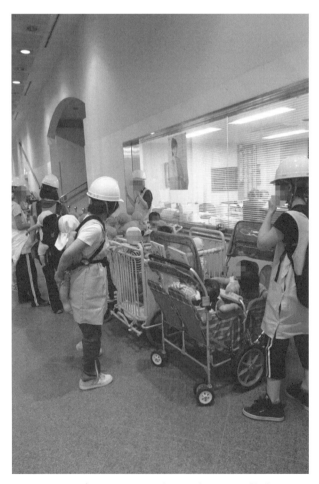

写真 3.4.3　0歳児のベビーカー（手前）1歳児のお散歩カー（奥）での廊下避難
（撮影協力：（株）日本保育サービス）

3.4.2　自力歩行できるがグループ行動ができない幼児（2歳児クラス）の避難計画

（1）2歳児クラスの避難計画

・避難行動能力

2歳前半：水平歩行は多少安定してくるがまだ不安定であり，階段歩行は困難である．

2歳後半：水平歩行は安定してくるが，成人と比較して歩行速度は著しく遅い．廊下などの水平移動では 4〜5 人程度の集団を先生が見守ることで避難が可能となるが，階段を下りる際には歩行が不安定である．2 歳児は，園児同士 2 人ペアで手を取りあっての行動や，言われたとおりに集合するなどのグループでの集団行動ができない．

3歳前半：水平歩行は安定し，階段歩行も多少安定してくるが，グループ行動はできない．

3 歳後半：歩行能力，判断能力ともに発達し，自力での移動ができるようになってくる．園児が 2 人ペアで手をとって歩くことができる園児が出てくる．2 歳児に比べ水平歩行の安定度は上がるが，階段を下りるのはまだ苦手で，階段を下りる速度は成人よりもかなり遅い．階段では，園児は両手で手すりをつかみながら 1 列で下りる．

・避難方法（先生による見守り避難）

　廊下などの水平歩行では，歩行が不安定な園児が含まれていることから，園児を横からの先生が介助することや必要に応じて園児の手を引く等の補助を行い避難する（写真 3.4.4）．全員でのグループ避難ができないため，園児 4〜5 人のまとまりごとに先生がついて見守りながら避難することとなる．階段では，歩行が不安定な園児を介助するため，園児 2 人程度を先生 1 人で見守りながら避難する（写真 3.4.5）．なお，全体を見渡しながら補助する先生を配置することでスムーズに避難することが可能となる．

写真 3.4.4 2歳児の見守り避難（廊下）　　　　写真 3.4.5 2歳児の見守り避難（階段）
（撮影協力：(株)日本保育サービス）　　　　　　（撮影協力：(株)日本保育サービス）

3.4.3　自力歩行が可能でグループ行動ができる幼児（3～5歳児クラス）の避難計画

（1）3歳児クラスの避難計画

・避難行動能力

　　3歳前半：水平歩行は安定し，階段歩行も多少安定してくるが，グループ行動はできない．

　　3歳後半：歩行能力，判断能力共に発達し，自力での移動ができるようになってくる．園児
　　　　　　が2人ペアで手をとって歩くことができる園児が出てくる．2歳児に比べ水平歩行
　　　　　　の安定度は上がるが，階段を下りるのはまだ苦手で，階段を下りる速度は成人より
　　　　　　もかなり遅い．階段では，園児は両手で手すりをつかみながら1列で下りる．

　　4歳　　：歩行能力，判断能力共に発達し，自力での移動ができる．水平歩行速度は成人に
　　　　　　近くなるが，階段の歩行速度は成人よりも遅い．先生が園児の前後についてグルー
　　　　　　プ避難が可能になる．

・避難方法（グループ避難）

　園児は先生の指示に従うことができるため，園児同士2人で手をつなぎ隊列を作り，園児の前後を先生が挟む形でのグループ避難を行う（写真3.4.6，写真3.4.7）．先頭の先生1人のみで誘導する方法は，後方の園児が集団からはぐれるなど逃げ遅れる可能性があるため望ましくない．グループの先頭と最後に保育士がついて誘導する．また，乳幼児の3歳で20人，4歳以上で30人を超える場合には，中央にサポートの介助者をつけるとよい．また，園児がグループからはぐれないように，保育室の中，廊下，階段の手前，階段の中，1階の最終避難場所などで複数回の人数確認を実施する必要があり，人数確認に時間がかかるため，避難時間が長くなる．

写真3.4.6　3歳児のグループ避難（廊下）
（撮影協力：㈱日本保育サービス）

写真3.4.7　3歳児のグループ避難（階段）
（撮影協力：㈱日本保育サービス）

（2）4歳児クラスの避難計画

・避難行動能力

4 歳 　：歩行能力，判断能力ともに発達し，自力での移動ができる．水平歩行速度は成人に近くなるが，階段の歩行速度は成人よりも遅い．先生が園児の前後についてグループ避難が可能になる．この年齢になると手すりの使い方に慣れてくる．

5 歳 　：歩行能力，判断能力ともに発達し，自力での移動ができる．先生が園児の前後につくことによりグループ避難が可能になる．水平歩行速度は成人に近くなるが，階段の歩行速度は成人よりもやや遅い．手すりをうまく使えるようになり，手すりなしでの追い抜きも可能になる．

・避難方法（グループ避難）

　園児は先生の指示に従うことができるため，園児は隊列を作り，園児の前後を先生が挟む形でのグループ避難を行う．先頭の先生1人のみで誘導する方法は，後方の園児が集団からはぐれるなど逃げ遅れる可能性があるため望ましくない．また，園児がグループからはぐれないように，保育室の中，廊下，階段の手前，階段の中，1階の最終避難場所などで複数回の人数確認を実施する必要があり，人数確認に時間がかかるため，避難時間が長くなる．

（3）5歳児クラスの避難計画

・避難行動能力

5 歳〜6 歳 　：歩行能力，判断能力ともに発達し，指示を受けて自力での移動ができる．先生が園児の前後についてグループ避難が可能になる．水平歩行速度は成人に近くなるが，階段の歩行速度は成人よりもやや遅い．手すりをうまく使うことができ，手すりなしでの追い抜きが可能になる．

・避難方法（グループ避難）

　園児は先生の指示に従うことができるため，園児は隊列を作り，園児の前後を先生が挟む形でのグループ避難を行う（写真3.4.8）．先頭の先生1人のみで誘導する方法は，後方の園児が集団からはぐれるなど逃げ遅れる可能性があるため望ましくない．また，園児がグループからはぐれないように，保育室の中，廊下，階段の手前，階段の中，1階の最終避難場所などで複数回の人数確認を実施する必要があり，人数確認に時間がかかるため，避難時間が長くなる．

写真 3.4.8　　3歳児以上のグループ避難
（撮影協力：（株）日本保育サービス）

3.4.4　年齢合同クラスとなっている場合の避難計画

　小規模な保育施設では，年齢別ではなく年齢合同のクラスとして運用する場合がある．そこでは同じクラス，部屋に年齢の異なる園児が混在することになり，歩行能力，判断能力に差違が発生するため，歩行能力によって分類して避難することになる．歩行が不可能または不安定な0，1歳の乳児のグループは，先生が園児をおんぶまたは抱っこするなどして介助避難をする．歩行が可能な2〜5歳の幼児のグループは，園児が自力で歩行することを前提に2歳は見守り避難，3歳以上はまとめてグループ避難を行う．この方法は夜間保育など園児の数が減少する時間帯の避難方法としても考えられる．

3.4.5　園児の年齢クラス別介助避難に必要とされる先生・援助者の人数

　乳幼児は自力で避難できないため，保育施設の先生やスタッフなどが介助して避難する必要がある．保育室から全部の乳幼児が一度に避難するためには多くの介助者が必要になる．一度に全員が避難する介助避難のための介助者の人数を確保することが望ましい．通常の保育に必要な人数を前提として，介助避難で何人不足するかを事前に検討する．十分な人数が確保できない場合には，介助者が避難場所や待避スペースまで往復して，乳幼児を順番に避難させることになる．この場合，避難時間が長くかかるため，保育施設や待避スペースなどを長時間火災から守られる安全な場所として計画する．例えば，防火・防煙区画，スプリンクラーの設置，排煙設備の設置などが挙げられる．

(1) 保育所設置基準を元にした年齢別担当乳児数

　保育施設の職員の数は，保育施設の種別ごとに定められた設置基準等により定められている．表3.4.1のように先生1人に対して0歳児で3人，1,2歳児で6人，3歳児で20人，4,5歳児で30人の割合で保育することとなっており，平常時にこれらの人数以上の先生が保育を行っている．

(2) 先生1人が介助できる年齢別の園児の人数

　保育施設における避難訓練等の観察調査から，先生1人が介助することで避難させられる園児の人数は，概ね0,1,2歳児で2人，3歳児で10人（保育士前後2人のグループ避難で20人），4,5歳児で15人（保育士前後2人のグループ避難で30人）程度であると考えられる．

(3) 年齢クラス別避難における避難介助者の確保

　年齢クラスごとに，先生1人が担当する園児の人数と，その年齢クラスにおいて先生1人が介助可能な園児の人数を示す（表3.4.1）．保育所では，基準によって保育士1人あたりの保育人数が明確に規定されているため，当日の出欠を含んだ乳幼児の人数を正確に把握し，定められた規準を常に満足している．したがって，通常のクラス担当先生の人数で避難介助できる園児数を考え，不足する分の避難介助者を，園長，副園長，補助保育者や調理関係者などの職員から確保することになる．特に1〜2歳児クラスでは必要な避難介助者の人数が多く，クラス担当先生の人数が大きく不足する．これらの状況を踏まえて年齢別の避難計画および避難介助者を確保する必要がある．

表 3.4.1 年齢クラスごとの保育士数と必要避難介助者数

クラス	園児年齢	保育園児数 *1	介助可能園児数 *2	避難方法
0歳児クラス	0~1歳	3人	2人	抱っこ・おんぶ避難
1歳児クラス	1~2歳	6人	2人	手つなぎ避難
2歳児クラス	2~3歳	6人	2人	手つなぎ避難・見守り避難
3歳児クラス	3~4歳	20人	10人	グループ避難（保育士が集団の前後につく）
4歳児クラス	4~5歳	30人	15人	グループ避難（保育士が集団の前後につく）
5歳児クラス	5~6歳	30人	15人	グループ避難（保育士が集団の前後につく）

*1:保育士1人が保育可能な人数　　　　　　　　*2:保育士1人が避難介助可能な人数

（4）他の施設の援助者との連携のために

　保育施設の避難計画は，保育施設に常駐する先生，事務員，調理関係者，補助スタッフなどの保育関係者が園児を介助して避難することを前提として組み立てることが望ましいが，どうしても介助者の人数が不足する場合や何らかの緊急時に備えて，他の施設の職員等に避難援助協力を依頼することが望ましい．

　他の施設の職員等に援助を依頼する場合は，園児への対応方法や避難方法および役割分担について事前に十分周知することが必要である．また，避難時に他施設の援助者とスムーズに連繋して避難するためには，日常的な接触により園児と援助者が慣れておくことや，援助者も含めて避難訓練を行うことが必要である．また，避難援助協力に関する協定等を結んでおくことが望ましい．

3.5　保育施設のタイプ別の避難施設計画

　園児の避難行動能力に合わせた先生による年齢クラス別の避難計画を基本として，保育施設のタイプ別の避難施設計画および留意点をまとめる．安全な避難行動を計画するための前提として，建物の避難経路・避難階段等の避難施設が安全に計画されていることが求められる．

3.5.1　保育施設のタイプ別の避難施設計画

（1）単独型保育施設

　保育施設では成人に比べて避難行動能力が十分でない園児が多数いるため，これに合わせた避難安全性を確保するための避難施設の計画が必要である．これまでの保育施設は単独で低層の3階建以下のものが一般的であった．複合型保育施設に比べて，避難距離は短いことが多いが，火災発生場所に応じて火災を避けて避難するために複数の避難経路を確保することが重要である．また，園児は，成人と比較すると廊下よりも階段を下りる場合に時間がかかるため，避難計画を作成する上で避難の間に火炎・煙・熱などの影響を受けないように避難施設を考える必要がある．バルコニーは外部に開放されているため，火や煙を避けることができ安全であるため，避難経路としたり，一時的に待避する場所として活用するために，可能であれば避難施設として設置することが望ましい．

（2）複合低層型保育施設

　建物内の他の施設と避難経路（廊下，避難階段）を共有する場合は，他の施設の避難者（成人）と保育施設の園児が合流して避難することになり，園児と成人がぶつかることで転倒するなどの危険性がある．そのため，他の施設の避難経路とは別の独立した避難経路を設置することが望ましい．独立した避難経路が確保できない場合は，他の施設の避難者と保育施設の園児が合流しな

いように避難する時期をずらすなどの計画が必要となる．複合低層型の場合は，避難階段の移動距離が比較的短いため，園児を先に避難させる方法も有効であるため，これに合わせた避難施設計画を検討する．

（3）複合高層型保育施設

　複合高層型保育施設においても複合低層型保育施設と同様に，建物内の他の施設と避難経路（廊下，避難階段）を共有する場合は，他の施設の避難者（成人）と保育施設の園児が合流して避難することになり，園児と成人がぶつかることで転倒するなどの危険性がある．そのため，可能な限り他の施設の避難経路とは別の独立した避難経路を計画する．独立した避難経路が確保できない場合は，他の施設の避難者と保育施設の園児が合流しないように避難する時期をずらすなどの避難計画が必要となる．

　複合高層型保育施設では，避難階段での移動距離・歩行時間が長くなるため，避難階段での合流が発生する場合の合流による転倒などの危険性が大きくなる．そのため，保育施設が入居する階に火災に対して一定の安全性を備えた待避スペース（2.3.3(5)，写真 3.5.1 参照）を設置し，一時待避し，他の避難者の後に避難することで，避難の時間帯をずらすことができる避難計画が望ましい．

3.5.2　複合型保育施設における避難施設計画の留意点

　複合型保育施設では，避難時に他の施設の避難者（成人）と園児が合流し，園児が成人とぶつかって転倒するなどの危険性が考えられる．このため，園児のために保育施設からできるだけ独立した避難経路を確保する．また，園児は一気に長い距離を移動できないため，大きな建物では保育施設と同じ階に一時的に安全に待避できる場所を確保する．この一時待避場所は，消防隊やその他の避難者が園児を救助するために避難階段や非常用エレベータにつながっているか，そばにあるとよい（図 3.5.1）．ここでは，複合型保育施設での避難施設計画における留意点についてまとめる．

（1）独立した避難経路の確保

　複合型保育施設においては，他の施設の避難経路とは別の独立した避難経路を計画することが望ましい．

　階段については，保育施設専用の階段であるかどうかにかかわらず，園児が使用することになる階段では，園児の転落を防止するために手すりの設置が不可欠である．園児は手すりを掴んで避難するため，手すりは園児の身体寸法に合わせた 2 段手すり（付録 5 参照）の設置が望ましく，階段の蹴上げ・踏面の寸法（付録 5 参照）についても，勾配を緩くするなど園児が歩行しやすくなるように配慮することが望ましい．

　独立した経路が計画できずに合流避難となる場合には，園児は成人に比べて歩行速度が遅く身長も低いことから成人の避難者から見えにくいため，園児と成人との衝突や押されて転倒するなどの危険性がある．また，園児の避難に際しては適宜園児の人数確認が必要となるが，園児と成人が混在すると人数確認が困難となることにも注意が必要である．

（2）避難時期をずらす

a. 待避スペースの確保

　保育施設専用の独立した避難経路が確保できない場合には，建物内の火災に対して一定の安

全性が確保された場所において一時的に待避し，他の施設からの避難が終了した後に避難する方法がある．また，場合によっては待避スペースで消防隊等による救助を待つことも考えられる．

　複合高層型保育施設では，一般に避難経路が長くなることから，合流による転倒などの危険性が大きくなるため，火炎・煙・熱等の影響を受けずに安全に一時待避する場所として「待避スペース」を設置することが望ましい（写真 3.5.1）．そのため，待避スペースは，他の避難者の避難の邪魔にならないところに設ける必要がある．

　待避スペースは，保育施設と同じ階の保育室の近くに計画することが望ましい．また，待避スペースまでの避難経路は，可能な限り他の施設の避難者との合流が発生しないような計画とする．待避スペースには，屋外等の避難場所へ直接避難するための避難階段への接続，消防隊等による救助に利用できる非常用エレベータへの接続，建物内の防災センター等や外部への連絡ができる通信機器等の設置が必要となる．具体的な例としては，特別避難階段の付室，非常用エレベータ乗降ロビーや非常用エレベータの乗降ロビー兼用付室を利用する場合や，それらに近接する部分に防火区画，排煙設備やスプリンクラー設備等の設置により火災に対して一定の安全性を確保した場所を計画することが考えられる．待避スペースの中でもより安全性の高い「避難支援スペース」がある．火災や煙が入ってこないように守られた場所で，階段室横の附室や非常用エレベータ乗降ロビー，安全な廊下を区画したもの，避難経路につながる屋外バルコニーなどである（図 3.5.1）．複合型保育施設では，園児は他の成人の避難者との同時避難を避けるために，長い時間待避する場合もあることから，火と煙からの安全性が高い「避難支援スペース」を設置するとよい．

b. 非常用エレベータ利用避難

　待避スペースからの避難や消防隊等による救助のためには，待避スペースと地上等の安全な場所とを結ぶ経路の確保が必要である．複合高層型保育施設が入居する大規模な建物では，他の

写真 3.5.1 待避スペースでの一時待避
（撮影協力：(株)日本保育サービス）

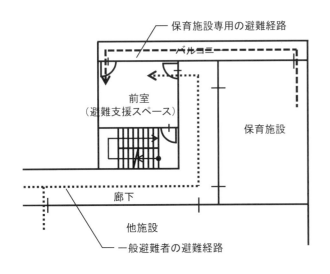

[保育施設専用の避難経路を屋外で確保する場合]

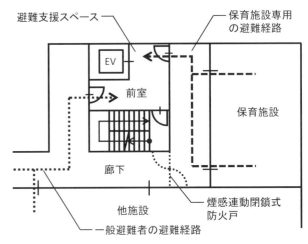

[保育施設専用の避難経路を屋内で確保する場合]

図 3.5.1 複合高層型保育施設での安全を確保するための避難計画の例

施設からの避難者が避難階段に集中し階段が混雑して入れないなど混雑して使用できない場合もある．また，待避スペースでは，長時間の一時待避による園児への精神的または身体的負担を考慮すると，できるだけ早期に避難または消防隊等による救助が望まれる．そこで，エレベータによる避難は通常認められていないが，建物の規模等により設置が義務付けられている非常用エレベータを利用して避難する考え方もある．なお，非常用エレベータを避難に利用することを検討する場合には，所轄の消防署等と事前に必ず協議する必要がある．

(3) 園児の保護者への引き渡し

　保育施設は，火災等の災害時には園児の保護者は園児と離れて建物外部にいることが一般的であるが，保護者が自分の子どもを助けるために建物外から建物内の保育施設へ向かうことは，慎むべきである．火災に巻き込まれること，多数の避難者の流れと逆行し，避難者とぶつかるなど混乱して非常に危険であるためである．

　避難者が多数である場合には，災害現場の状況が混乱し，園児の避難場所がわからなくなることが想定される．そのため，園児および保護者の安全確保を念頭に，あらかじめ園児を保護者へ引き渡すために建物外部の安全な引き渡し場所を設定し，最終避難場所とする．この場所を先生等と保護者との間で情報共有することが望ましい．なお，単独型保育施設においても同様の引渡し場所の設定が有効である．

　3 章および 4 章の保育施設におけるデータ取得，分析については，佐藤将之氏（早稲田大学），畠山雄豪氏（東北工業大学），佐藤泰氏（名古屋市立大学）のご協力をいただいた．ここに謝意を表する．

参 考 文 献

3.4.1) 古川容子,佐野友紀,土屋伸一,藤井皓介,佐藤泰;畠山雄豪,長谷見雄二：避難訓練調査に基づく保育園児の避難行動実態把握と避難安全確保の方策，日本建築学会環境系論文集，Vol.81，No.728，pp. 845-853，2016.10

第4章　保育施設における防災訓練

　本章では，保育施設における防災訓練について，避難能力が未発達な乳幼児の心身の特性を踏まえて概説する．なお，1章で述べたように本手引きで対象とする災害は「火災」であり，本章においても火災発生を想定した防災訓練の手法について述べる．また，保育施設は一般的に「保育園」との呼称が使われることが多いことから，便宜的に乳幼児を「園児」と称する．前半では園児の年齢別の防災訓練の考え方について，後半では防災訓練の具体的な方法について，準備や留意点等を含めて説明する．

4.1　保育施設における防災訓練

4.1.1　保育施設における防災訓練の特徴

　保育施設は，0歳～6歳の園児が日常生活を送る場である．この年齢の乳幼児は運動能力や理解・判断能力が未発達で，歩行が不可能または困難であったり，歩行は可能であっても火災発生という事実の認識や安全な避難方向の選択は困難である．そのため，火災時にとるべき行動を，さまざまな条件の下にあらかじめ実際に体験し，知識だけではなく身体で覚えるための手段として，防災訓練は非常に重要である．園児は単独で避難することはできないため，保育施設の避難訓練は，保育士等が火災時の役割を確認し，園児を円滑かつ迅速に避難場所まで誘導することを中心に，次のような特徴を踏まえて実施する必要がある．

(1)園児が火災時の状況を体験する

　火災時には自動火災報知設備の鳴動や非常放送等による大きな音が出たり，保育士が慌ただしく行動するなど，園児が恐怖を感じるような，日常とは異なる状況が発生する．防災訓練を行って，火災時に発生が予測される事柄を繰り返し経験することで，動揺せずに保育士の指示に従って安全に行動することができるようになる．

写真 4.1.1　避難訓練で園庭に集合する園児

(2)保育施設の保育士等の全員が，火災発生時の行動手順を把握する

　保育施設には，各クラスの担任保育士以外にも給食関係，事務関係，清掃関係などさまざまな職員が勤務している．自力避難が困難な園児を安全に避難させるためには，クラス担任の保育士は園児の避難誘導に専念する必要があり，そのためにはクラス担任以外の保育士等の支援が重要である．保育施設では職員の全員が火災発生時の行動手順を把握し，何らかの役割を担って活動する必要があり，綿密な行動計画を策定して防災訓練を実施することは，保育士等の円滑で迅速な行動を実現し，園児の安全な避難誘導を可能にするために非常に重要である．また，火災時には，最終的に園児を保護者に引き渡す必要があるため，防災訓練では保護者への連絡方法や引き渡し場所の安全性の確認などを通して，保護者の理解も求めておく必要がある．

(3)訓練を繰り返すことで上達する

　「児童福祉施設の設備及び運営に関する基準」では，防災訓練について「避難及び消火に対す

る訓練は，少なくとも毎月一回は，これを行わなければならない」と定めている [4.1.1)]．したがって，保育施設では定期的に防災訓練を実施する義務があるが，園児は心身共に成長しているため，それに伴って訓練で実施可能なことが増えていくという特徴がある．訓練の内容を園児の成長も踏まえて段階的に高度なものとしていくなどの工夫も有効である．

4.1.2　防災訓練の実施に合わせて確認すべき事項

　火災時には，日常生活では使用しない設備が作動したり，頻繁に通行しない経路を利用したりする可能性があり，防災訓練は，そのような非日常の状況にすみやかに対応できるように，各種設備や空間の維持管理を行う機会としても有効である．特に複数のテナントが入居する建物内に設置される複合型保育施設では，保育施設以外の室からの出火やそれに伴う避難者の行動が園児の避難行動に与える影響など，さまざまな状況を想定して避難経路の安全性を確認しておくとよい．なお，乳児や幼児が訓練に参加することを考えると，天候等により実地での訓練を中止せざるを得なくなったり，他の事業所と連携しての避難訓練が日程の関係で困難である場合も想定されるが，そのような場合には，図面などを利用して机上で実際の避難行動をシミュレーションしながら，避難経路の状況を確認することも有効である．火災時における円滑な避難行動のために確認しておくべき事項を以下に述べる．

(1) 避難経路上の障害物の撤去

　火災発生時の避難経路となる廊下，階段等には，避難の支障になるものや，防火設備の作動を妨げるようなものを設置してはならない．防災訓練時には，実際の避難経路を使用することで避難経路の状況を確認し，仮置きの荷物などが放置されないように維持管理を徹底することを保育士等に周知する．

(2) 防災センターの有無と非常放送の状況

　火災発生時の各種の防災設備の稼働は，一般的に防災設備の稼働状況を表示したり操作したりするための防災監視盤（受信器と呼ばれる場合もある）に集約して管理される．大規模な建物の場合，防災監視盤は，建物全体の防災情報を管理するための「防災センター」に設置され，防災センターで防災設備の稼働や通報を管理することが多い．火災発生時の通報の流れや非常放送の方法は防災センターの有無によって異なるため，防災訓練の実施前に，防災センターの有無と，防災センターがない場合は防災監視盤が設置されている場所を確認しておくとよい．なお,火災発生時の防災センターからの非常放送は，第一報（火災が発生した可能性があることを知らせる放送）と第二報（確定報とも呼ばれ，火災の発生が確認されたことと，避難開始を知らせる放送）に分かれることが多いため，それぞれの放送時における対応方法も併せて検討しておくことが望ましい．

(3) 排煙設備の起動

　2章で述べたように，火災時に発生した煙を素早く屋外に出すために，建物には排煙設備が設置されていることが多い．排煙設備は「機械排煙設備」と「自然排煙設備」があり，ガラスの引き違い窓などの一部の設備以外は，いずれも操作ボタンを押して起動させる．防災訓練時にはこれらの起動ボタンの位置を確認するとともに，所轄の消防署と相談の上，実際にボタンを押して，どのような状況が起こるのかを確認する．特に，機械排煙設備が作動することで，室内の空

気の流れが変化し，扉が開きにくくなったり，突然大きく開いたりすることがないかを確認し，危険な状況が生じるようであれば，建物管理者に改善を依頼する．

(4)セキュリティシステムの確認

　複数のテナントが入居する大規模な建物では，日常的にはエレベータやエスカレータを使用し，避難階段は防犯のために施錠管理されている場合がある．このような建物に設置されている複合型保育施設における避難訓練では，まず想定される避難経路上の扉など，開口部に設定されているセキュリティシステムの有無とその解除方法を把握し，日常的に施錠されているのであれば，施錠された状態から訓練を実施することが有効である．セキュリティシステムは，火災時には解除される前提で設置されているが，火災感知器に連動する解除システム等は，連動する感知器の場所や連動の方法によっては解除に時間差が生じるなど，避難時に円滑に開放できずに避難経路の利用に支障が出る可能性がある．避難訓練では，セキュリティシステムの設置の有無を確認し，設置されている避難経路を利用する必要性が高いのであれば，自動火災報知設備の連動を確認するなど，確実に火災時に解除されるように建物管理者に申し入れをする必要がある．また，代わりの避難経路が確保できるのであれば，避難経路の想定を変更した避難訓練を行って，同様の問題が生じないことを確認する．

(5)保育施設以外の施設からの避難者の状況

　複合型保育施設の場合，自分たちの施設から出火した場合と，他の施設から出火した場合では，避難開始のタイミングが異なる可能性がある．また，複合高層型保育施設では，階段室内を他の施設からの避難者が避難している状況で階段室に進入しようとすると，歩行速度が遅い園児や園児を抱っこした保育士等は，歩行速度の速い避難者の流れにぶつかって転倒したり，混雑にまぎれて迷子になってしまうという状況が懸念される．そこで，複合型保育施設では，建物の管理者等とも相談し，保育施設が入居する建物全体の防災訓練にも参加することが望ましい．建物全体の防災訓練では，他のテナントの在館者が一斉に避難した場合に，保育施設が想定する避難経路がどのような状況になるのかを確認し，出火階や出火場所に応じた避難開始のタイミングや避難誘導の方法を検討しておく．また，建物の防災センターには，「消防計画」「建築防災計画」などの図書が保管されている場合もあるため，これらを事前に閲覧することも，保育施設の防災訓練の参考になる．

4.1.3　防災訓練の種類

　園児と保育士等が実際の火災時の状況を体験するために必要な訓練としては，通報訓練，初期消火訓練，避難誘導訓練（以下，避難訓練という）がある．保育士等の役割分担を検討する際には，火災の状況によってはこれらの行動を同時並行に行う必要があることに留意する．なお，消防署では，火災予防対策の一環として防火・防災指導を行っている．こどもを対象とした「かさいのおはなし」などを実施している場合もある．園児や保育士等の入れ替わりを考えて，毎年定期的に消防署の職員を招くなど積極的に活用したい．訓練の具体的な方法や不明な点を質問することもできるため，火災予防を考えるきっかけとなり，訓練の質の向上にも有効である．

(1)通報訓練

　通報訓練では，火災の発見から通報までの役割分担と行動の流れを確認する．火災が発生したことを園全体に周知する役割は，園長等の責任者が行うのが一般的である．通報訓練ではまず，

火災情報の消防等への通報や保育施設内への周知を行うための人員を決定する．また，通報の手順は，「防災センター」の有無によって異なる可能性があるため，防災センターの有無と，その場所を確認し，実火災時の通報の流れを繰り返し確認して身につけることが重要である．

ａ．防災センターがある建物の場合

　火災が発生すると，火災による煙や空気の温度の上昇を感知して自動火災報知設備が発報し，その情報は火災情報を一律に管理する受信機（防災監視盤）に入る．大規模なビルに設置される複合型保育施設では「防災センター」に防災監視盤が設置され，火災時には防災センターの防災監視盤に送られた自動火災報知設備の信号情報を防災センターの職員が覚知すると，感知器が作動した施設に確認の連絡が入る．保育施設内で出火した場合は，消防と防災センターの双方に連絡するのが原則である．しかし，防災センターの対応は建物のシステムごとに異なる可能性があるため，訓練の際は防災センターとも調整し，防災センター職員の動きと保育施設との連携について確認するとよい．

ｂ．防災センターがない建物の場合

　保育施設が設置される建物が小規模で，防災センターが設置されていない場合は，本体建物の管理室や玄関などに防災監視盤が設置される場合が多い．また，保育施設が単独に設置されている場合は，防災監視盤は保育施設内に設置される．このような場合は，火災が発生したら保育施設から直接消防に連絡する必要がある．訓練ではまず防災監視盤の位置を確認し，自動火災報知設備が作動した場合に防災監視盤にどのように表示されるのかを把握する．次に消防署に火災発生を連絡するための行動として，「どの電話で」「誰が」通報するのか，および通報の内容を確認する．通報時に伝える主な内容は「保育施設の所在地」「火災の発生時間と発生場所」「園児の状況」で，箇条書きにして電話の近くに表示しておくとスムーズである．訓練時には内容を確認し，必要に応じて更新する．

　※通報例：「＊＊保育園です．12時30分頃に火災が発生しました．」「住所は港区＊＊2丁目＊番地，学会ビル3階です」「出火場所は給食室です」「0歳〜5歳までの園児が20人，階段内で待機しており，けが人がいます」

(2) 初期消火訓練

　出火規模が小さく，消火が可能な場合を想定して消火のための設備の操作を確認する．保育施設に設置される消火設備で，消防隊でなくても操作が可能なものとしては「消火器」や「屋内消火栓」がある．訓練の前に，保育施設内にどのような設備が設置されているのか確認し，不明な点があれば消防署に問い合わせたり，消防署の防災指導の機会に質問したりして，基本的な操作を習得する．訓練では，消火設備の設置場所，動作不良の有無および基本的な操作を再確認する．なお，実際の火災時には園児の安全な避難が最優先であり，火煙が大きくなりそうになったら無理をしないで避難を優先することが重要である．保育施設は他の施設に比べて早い段階で避難を開始することが重要であり，消火作業を取りやめて避難誘導を行うタイミングについて，「消火器を使っても炎の勢いが弱くならなかったら」など具体的に決めて，保育士等の間に周知する．

(3) 避難訓練

　出火の可能性が高い厨房など具体的な出火場所を決定し，園児を安全な場所まで移動させるための手段，手順，経路等を確認する．(1)通報訓練や(2)初期消火訓練は，保育士等を対象とした訓練であるが，避難訓練は園児も参加する必要がある．園児が「火災の状況を実体験」し，保育

士等の指示に従うことを覚え，実際の火災時に泣いたり立ち止まったりして避難できない状況になったり，勝手な行動をしないようにすること，および保育士等が園児を迅速かつ円滑に介助，避難誘導するための方法や，用具の使い方を確認し習熟するために，出火場所や避難経路のパターンを変えて行う．避難訓練については次項で詳述する．

4.2　保育施設における避難訓練

4.2.1　保育施設における避難訓練の基本的な考え方

(1)保育士等と園児のための避難訓練

　園児は火災発生時に自発的に行動を起こすことはできないため，保育士等の介助や誘導によって避難を行う．したがって，保育施設の避難訓練では，保育士等は火災時に園児を集合させて安全な場所まで誘導する方法や避難経路の状況等を確認すること，園児は火災時にパニックに陥いらずに保育士等の指示に従って迅速かつ円滑に行動できるようになることが目的である．1か月に一回の避難訓練を実施している保育施設の保育士からは「毎月避難訓練を行っているため，泣いたり，避難の列から離れて動き回る園児がいなかった」との意見もある[4.2.1)]．

写真 4.2.1　大型ベビーカーによる避難訓練(0歳児)

(2)クラス単位での避難訓練

　保育施設では年齢別にクラスが編成されており，避難訓練もクラス単位での実施が望ましい．年齢が同じ乳幼児は，身体能力や理解力の差異が大きくなく，避難誘導に当たる保育士は，園児への指示を理解力に応じて何度も繰り返す必要がないことから，説明の時間を短縮することができる．また，保育施設では平常時はクラス担任の保育士を中心にクラス単位で屋外への散歩等の活動も行っている．「いつもの友達」と同じ集団で避難をすることで，実際の火災時には園児も保育士も落ち着いて行動することができ，避難途中の点呼なども円滑に行うことが可能になる．

4.2.2　年齢ごとの避難訓練の考え方

(1)0歳児クラス

　このクラスは，4月の入園時点で1歳未満までの年齢の園児であり，多くは自力での歩行が不可能で，保育士等の指示も理解できないことから，避難訓練の主体は保育士等である．火災時に必要な準備，園児を抱きかかえて避難させる方法など，保育士等の動作の流れを確認することが訓練の中心である．園児は，火災報知器や非常放送の大きな音声や，保育士の日常とは異なる慌ただしい動きや緊張感を体験することで，実際の火災時に大きなパニックを起こさず，保育士等の行動の支障にならないようになることが目的である．

(2)1歳児クラス

　このクラスは1歳から1歳11か月までの園児で，保育士等の指示はほとんど理解することができず，運動能力にも個人差が大きい．自力歩行が可能な場合でも歩行は不安定で非常に遅く，避難訓練中に歩行が不可能となったり，日によって歩行の可否が変化する可能性もある．体力もな

いため，長時間の訓練とならないようにする必要がある．園児の歩行能力のばらつきが大きい場合は，自力歩行の可否によってグループを分けて避難訓練を行うとよい．この場合，自力歩行が不可能なグループと可能なグループのそれぞれに複数の保育士等が必要であるため，避難誘導を担当する保育士等の数を他のクラスに比べて多く確保する必要がある．

写真 4.2.2　待機中の2歳児
（撮影協力：（株）日本保育サービス）

(3) 2歳児クラス

この年齢では，自力での歩行が可能になり安定するため，(2)の1歳児クラスのように歩行の可否によって避難のグループを分ける必要はない場合が多いが，階段歩行は不安定で，特に長時間の歩行は困難であり，避難の途中でだっこやおんぶをする状況も想定する必要がある．保育士等の指示も全てを理解することはできない．避難訓練という状況を理解することは困難で，避難訓練中に突発的な行動を起こす場合もあるため，人数確認の頻度を高くする，保育士等の人数配分を多くするなどの対応が必要である．

(4) 3歳児以上のクラス

3歳前半では階段歩行が不安定な場合もあるが，概ね自力での歩行は可能で，保育士等の指示も，年齢によって理解の程度に差はあるが，理解して従うことが可能になる．突発的な行動や避難訓練途中で歩行不能状態となることも減り，保育士等の管理の労力は(1)～(3)のクラスに比べて小さくなるため，対応する人数も少なくすることが可能である．訓練の回数を重ねるごとに心身が成長し，目に見えて「できること」が増加するため，訓練開始前に避難訓練という状況を説明する，訓練終了後に全体の反省と次の避難訓練の目標を説明することも有効である．

(5) 年齢が混在したクラス

小規模な保育施設では，厚生労働省令[4.2.2)]で定められる最低限の保育室数のみで施設を計画し，園児を2クラスに分けて運用する場合がある．その場合は1つのクラスに年齢の異なる園児が混在し，歩行能力，判断能力に差異が出るため，歩行能力によって分類して避難訓練を行う．すなわち，歩行が不可能または不安定なグループ（歩行困難グループ）と，歩行が可能なグループである．避難場所までの誘導は，歩行困難グループは保育士等が園児を搬送し，歩行可能グループは園児が自力で歩行することを前提に，保育士等の役割分担と人数配置を行う．この方法は，年齢ごとのクラスが設定されている保育施設であっても，夜間保育などの園児の数が減少する時間帯に，異なる年齢の園児をとりまとめて保育する「縦割り保育」の実施時間の避難訓練においても，応用できる．

4.3　訓練実施方法

ここでは，防災訓練の具体的な実施の手順と方法について，火災発生から通報，初期消火，避難誘導，避難終了までの一連の流れに沿って説明する．訓練実施時の役割分担の例を表 4.3.1 に，訓練の流れを図 4.3.1 に示す．なお，ここでの記載は訓練方法の一例である．これらを元にメニューを選択して部分的に実施したり，同じ訓練を繰り返して行うなど，各保育施設の行事予定や園

児の状況，訓練予定日の天候等に合わせて工夫する.

4.3.1　事前準備

(1)火災時の役割分担と保育士等の配置場所の確認

　火災発生時には，現場確認，必要な備品等の持ち出し，初期消火，通報，避難誘導などさまざまな対応が必要であり，火災の進展状況に応じて各対応の優先順位や必要な保育士等の数は変化する. そこで，避難訓練を開始する前にまず，火災時に必要な対応行動を具体的に確認し，保育士等の役割分担と役割ごとの人数，およびその配置について検討する. 園児の避難誘導に当たるクラス担任以外は，それぞれの役割に応じて初期消火担当は出火想定場所，通報担当は電話等の通報設備が設置してある場所のように配置場所を決定する. また，火災時に陣頭指揮をとる場所と統括責任者の決定も重要である.「職員室」を指揮場所，責任者を「園長」とするのが一般的である. なお，外部施設等のスタッフに援助を依頼する場合，最も多くの人手が必要な「避難誘導」をクラス担任等と一緒に担当するか，初期消火などの園児と直接関わることのない役割を担当し，不慣れな大人を怖がることで，園児の避難行動に影響が出ないように配慮する.

(2)火災発生時の通報の流れの確認

　火災発生時の通報方法は「4.1.2(1)通報訓練」の項で述べたとおりであり，避難訓練時には，通報訓練も合わせて行うことが望ましい. 通報の流れは，保育施設が設置される建物の規模や防災センターの有無によって異なるが，防災センターが設置されているビルに入居する複合型保育施設では，まず火災の発生を防災センター等に連絡するように定められていることが多い. そこで，まず防災センターの有無を確認し，防災センターが設置されている場合は防災訓練の日時を防災センターにも事前に連絡しておく. 可能であれば避難訓練に防災センター職員にも参加してもらい，保育施設との連携について確認するとよい. 防災センターからの連絡を受けて園全体に火災情報を周知する役割は，(1)で決めた責任者が行う.

(3)訓練日時の決定と周知

　避難訓練の日時を決定し，保育士等に周知する. 保育施設は学校等と同様に年度単位で進級することから，4月に年度最初の避難訓練を行う. 定期的な訓練の繰り返しの中で，園児や保育士等が避難訓練に慣れてきた様子が見受けられた場合，訓練日時をあえて周知せずに実施することで，より実際の火災に近い状況で訓練を行うこともできる.

(4)火災状況と避難経路の設定

　避難訓練時の火災の状況を設定する. 出火場所と火災発生時間を決定して保育士等に周知するとともに，出火場所を経由しない避難経路を確認し，決定する. なお，出火場所などの火災想定は随時変更し，複数の避難経路について避難方法を確認することが望ましい. また，歩行可能な園児は足の裏の怪我を防止するために靴を履いて避難することが望ましいが，年齢によっては靴を迅速に履くことができないため，避難経路上のどこで靴を履くのか決めておくとよい. 出火元が遠い場合には，クラス内でまず靴を履いてから避難を開始することが望ましいが，出火場所が近い場合や火災の進展が速い場合は，保育士が靴を持って避難を開始し，待避スペースに到着してから靴を履くなど臨機応変な対応を検討する.

(5) 最終避難場所の決定

　最終避難場所は，火災の影響が及ばないことを第一に，悪天候時でもある程度の時間の待機が可能で，保護者への引き渡しが容易な場所を，所轄の消防署とも相談しながら決定する．避難訓練における最終避難場所は，実際の火災時と同一とすることが望ましい．なお，避難訓練は，全員の園児が最終避難場所に安全に到達することが目標であるが，園児の体調や気候の状況によって，最終避難場所ではなく避難経路の途中で一時的に待機可能な場所までの避難訓練とするなど，柔軟に対応することも必要である．年度当初の避難訓練では廊下までの避難，二回目は階段を一階分降りるまでの避難，など順次避難距離を長くしていく，という方法も考えられる．

(6) 避難方法の決定

　避難場所の決定後，避難方法を検討する．4.2.2 で述べた年齢ごとに園児の自力歩行の可否によって，自力歩行が可能な場合，全避難ルートを自力歩行するのか，途中から保育士等が搬送するのか，自力歩行が不可能な場合，どのような手段で搬送するのかなどを決定する．各クラスで必要な避難誘導のための保育士等の数は，避難方法によって増減するため，園児の安全と迅速かつ円滑な避難を考慮して決定，問題があれば訓練終了後に対応を検討する．

(7) 必要な用具の準備

　(6)までの避難計画に沿って必要な用具を準備する．用具は園児が使用するもの（防災頭巾，帽子等頭を守るもの，外履き用靴等），避難誘導保育士等が使用するもの（園児搬送用のおぶい紐等，お散歩カー（避難車），乳母車等），避難待機中に使用するもの（乳児用オムツ，ミルク，幼児用非常食，飲料水，着替え等）に大別できる．それぞれ必要数を確認して準備する．特に，歩行が可能な園児については靴が重要である．火災時には避難経路に瓦礫やガラスが散乱する危険性があるため，普段からクラスごとに避難用の靴を集めて「置き靴」としておくとよい．園児の成長は早いので，定期的に確認してサイズを交換することを忘れないようにする．避難に必要な物品は，ひとまとめにして「非常用持ち出し袋」として目に付く場所に置いておく．

表4.3.1　避難訓練の役割分担と必要な用具の例

役割	担当者	人数	用具	対応の例
統括	施設の責任者（園長等）	1名	・連絡用器具（電話,トランシーバー等）・筆記用具	・自動火災報知設備等の発報があったら，火災発生を園に周知するための非常放送(1回目)を行い，続いて出火元の保育士等からの火災発生の連絡を受け，避難開始を指示するための非常放送(2回目)を行う． ・各担当からの報告を受けて火災の進展や被害状況の全体像を把握し，避難経路，避難方法を決定，指示する． ・各クラス担任からの避難完了の報告が完了したら，最後に施設全体を回って避難遅れがいないことを確認する．
通報連絡	クラス担任	1名	・連絡用器具（電話,トランシーバー等）・筆記用具	・防災監視盤及び出火場所を確認し，火災発生場所や状況を把握して，統括担当及び消防に連絡する． ・消防隊が到着したら，出火状況や避難状況を伝達する．
初期消火	クラス担任	2名	消火器	・出火場所で消火器による消火を行う． ・火災が大きくなったら無理をせずに消防隊に任せることも重要であり，どの程度の火災まで対応するのかを，予め確認しておく．
持ち物準備	クラス担任	1名	避難時及び待機時に必要な物品	・安全確保のための帽子，頭巾，靴等の準備 ・避難に必要なお散歩カー（避難車），ベビーカー等の準備 ・待機の長時間化に備えておむつ，着替え，飲料水，食料等の準備
避難誘導	クラス担任	2名以上	おんぶ・抱っこ紐, ベビーカー等	・自力歩行が不可能な園児はおんぶ，抱っこ，ベビーカー，またはお散歩カー（避難車）などで搬送する． ・自力歩行が可能な園児は整列させて避難方向へ誘導する．経路の途中で随時，点呼により人数と園児の状態を確認する．
救出救護	クラス担任看護師等	2名	応急手当用品	・けがや体調不良の園児の応急手当を行い，症状が重い場合は病院まで付き添う．
戸締り確認	クラス担任	1名	－	・園児の避難終了後，出入り口扉，その他開口部の閉鎖及び施錠を確認する．

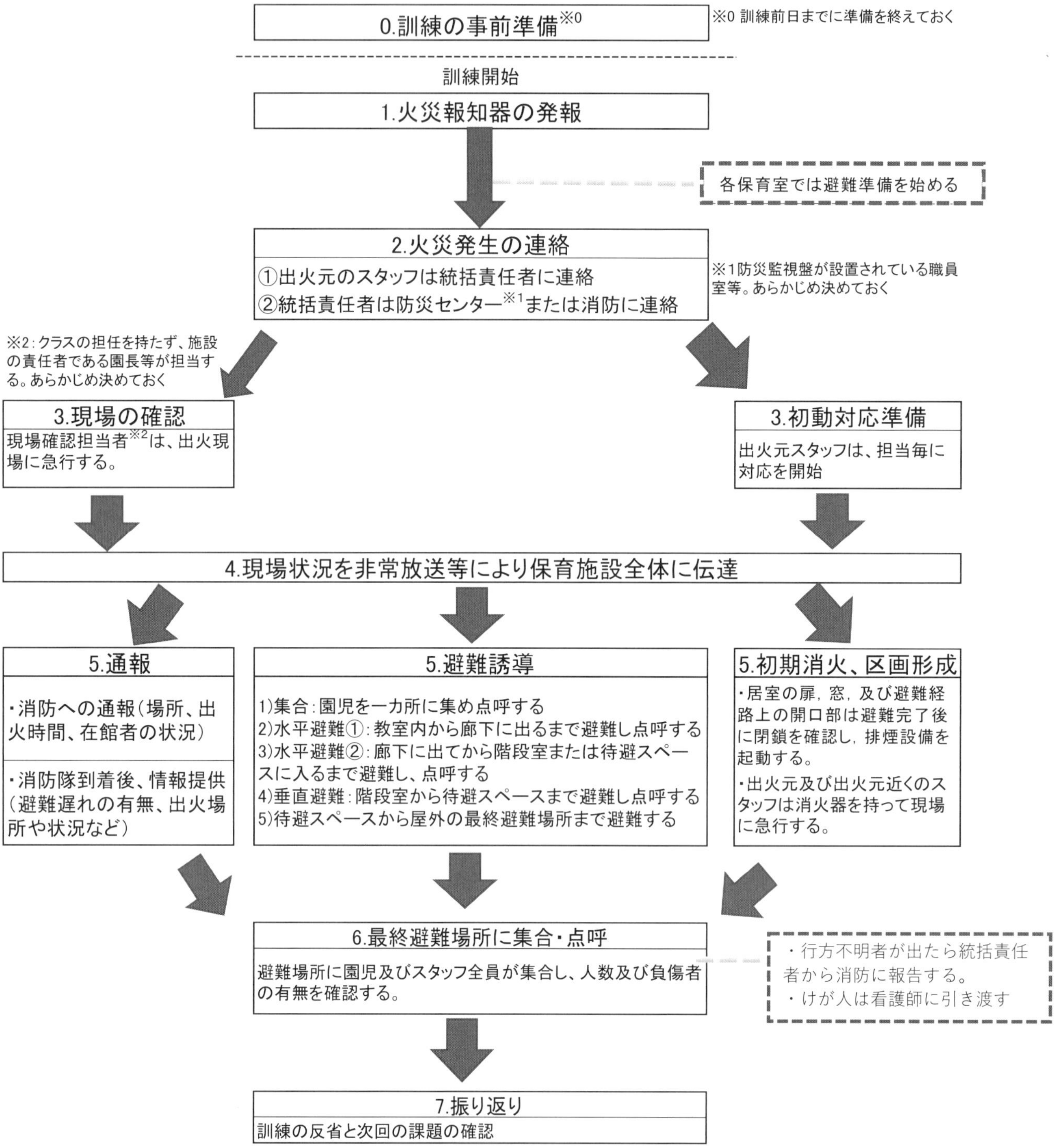

0.訓練の事前準備※0 　　　※0 訓練前日までに準備を終えておく

- -

訓練開始

1.火災報知器の発報

┌─────────────────────┐
│ 各保育室では避難準備を始める │
└─────────────────────┘

2.火災発生の連絡
①出火元のスタッフは統括責任者に連絡
②統括責任者は防災センター※1または消防に連絡

※1防災監視盤が設置されている職員室等。あらかじめ決めておく

※2：クラスの担任を持たず、施設の責任者である園長等が担当する。あらかじめ決めておく

3.現場の確認
現場確認担当者※2は、出火現場に急行する。

3.初動対応準備
出火元スタッフは、担当毎に対応を開始

4.現場状況を非常放送等により保育施設全体に伝達

5.通報

・消防への通報（場所、出火時間、在館者の状況）

・消防隊到着後、情報提供（避難遅れの有無、出火場所や状況など）

5.避難誘導

1)集合：園児を一カ所に集め点呼する
2)水平避難①：教室内から廊下に出るまで避難し点呼する
3)水平避難②：廊下に出てから階段室または待避スペースに入るまで避難し、点呼する
4)垂直避難：階段室から待避スペースまで避難し点呼する
5)待避スペースから屋外の最終避難場所まで避難する

5.初期消火、区画形成

・居室の扉，窓，及び避難経路上の開口部は避難完了後に閉鎖を確認し，排煙設備を起動する。

・出火元及び出火元近くのスタッフは消火器を持って現場に急行する。

6.最終避難場所に集合・点呼

避難場所に園児及びスタッフ全員が集合し、人数及び負傷者の有無を確認する。

┌─────────────────────────┐
│ ・行方不明者が出たら統括責任者から消防に報告する。 │
│ ・けが人は看護師に引き渡す │
└─────────────────────────┘

7.振り返り
訓練の反省と次回の課題の確認

図 4.3.1　避難訓練のフローの例

4.3.2　訓 練 開 始

4.3.1 で準備した避難訓練の計画に従って避難訓練を進める．避難訓練の大まかな流れの例は，図 4.3.1 に示すとおりである．なお，避難訓練では保育室等の居室から，屋外等の最終避難場所まで避難することで，すべての避難経路を確認することが望ましい．ただし，園児の状況や天候などの事情から困難な場合，訓練を場面ごとに切り分けて，非常ベルの鳴動のみ，保育室から廊下までの避難までなど，部分的に訓練を行うことも有効である．

(1) 自動火災報知設備の発報，非常ベルの鳴動と 1 回目の非常放送

自動火災報知設備や非常ベルの発報または非常放送によって，火災が発生したことを保育施設全体に周知し，避難訓練を開始する．続いて統括責任者（園長など）が，火災が発生したことを知らせる 1 回目の非常放送を行う．外部の事業所等に非常時の応援を要請する場合は，ここで連絡する．なお，避難訓練の実施日時はあらかじめ保育士等に周知して準備を進めるが，訓練に慣れてくれば，周知をせずに非常ベルを鳴動させて避難訓練を開始することで，「突然発生する火災」への対応を訓練することができる．

(2) 火災発生の連絡と 2 回目の非常放送

出火場所の最も近くに配置された保育士等は，火災が発生したことを指揮場所（職員室など）の責任者（園長など）に知らせる．複合型保育施設で建物内に防災センターが設置されている場合は，防災センターの指示に従う．火災発生の報告を受けた責任者は，保育施設全体に火災の発生場所や火災の状況を伝え，避難の開始を指示するために，2 回目の非常放送を行う．

(3) 通報・避難誘導・初期消火

あらかじめ決めた分担に従って，消防への通報，園児の避難誘導，初期消火等を行う．避難誘導を行う担当者は，園児の誘導に加えて避難後の保育室と廊下の間の扉や，階段室の扉を確実に閉鎖することが重要であり，訓練においても徹底する．また，排煙設備が設置されている場合は，ここで起動させる．園長等の責任者は，避難終了後に取り残された園児がいないことの確認も含めて保育施設全体の最終確認を行う．

写真 4.3.1　お散歩カー（避難車）での避難
（1 歳児）

a. 集合

火災発生の放送があったら，保育士等はまず園児を 1 か所に集める．地震時の訓練も同時に行う場合は，ここで頭巾等を園児に配布または保育士等が被らせて，机の下等安全な場所に頭を守る形で入らせる，または保育士等が布団などを園児の上から被せて安全を確保する．歩行可能な園児は靴を履く．

b. 水平避難（居室から廊下，階段室前まで）

歩行不可能な園児は，保育士等がおんぶまたは抱っこで保育室等から廊下や階段室の手

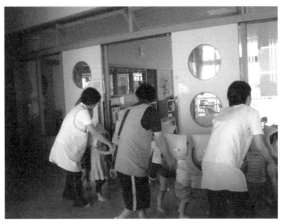

写真 4.3.2　居室から廊下への避難
（2 歳児）

（撮影協力：日本保育サービス）

前の付室等の，居室に比べて火災の影響を受けにくい場所まで搬送する．一回に保育士等が1人で搬送する園児は，安全に考慮しながら2名までとする．また，園児全員を一回で搬送できない場合は，保育士等が保育室と待避スペースを往復し，何回かに分けて園児を避難させることになるが，この場合，保育室で避難を待つ園児の見守りと，待避スペースで待機する園児の見守りに，それぞれ保育士等を配置して，園児の安全を確保することが重要である．歩行が可能な園児は，一列に整列させて保育士等が引率して避難を開始する．

写真 4.3.3　廊下での点呼（3歳児）
（撮影協力：（株）日本保育サービス）

避難経路に従って避難場所に向かい，廊下の曲がり角や階段室への進入前には随時整列し，人数確認を行う．園児の列の先頭，最後尾および途中に保育士等を配置して，園児が転倒した場合や避難の列から離れてしまった場合に対応する．避難経路上に階段がある場合は，待避スペースを階段室の手前に設定し，階段に進入する前に必ず人数確認を行う．

c．垂直避難（階段室内）

　火災発生時は，エレベータを避難に使用することはできないため，保育施設が2階以上または地下階に設置されている場合，階段を使用した避難訓練も重要である．避難方法は，基本的にbの水平避難と同様であるが，自力歩行が不安定な年齢の園児は，階段室内を保育士が搬送するか自力で歩行可能か，慎重に判断する必要がある．同じ建物に事務所などが設置されている複合的な用途の建物の場合，事務所などに合わせて階段が設計されることによって，階段や手すりの高さが幼児には利用しにくい場合があることから，階段の降下の際は危険のないように十分に注意する．また，自力歩行が不可能な園児をお散歩カー（避難車）等で階段室内に搬送する場合，階段室の扉がお散歩カー（避難車）に引っかかって閉鎖しなくなる恐れがあり，また，その結果，階段室内に火煙を侵入させてしまう可能性があることに留意する．

写真 4.3.4　階段室内の避難（1歳児）

写真 4.3.5　階段室内の避難
（2歳児，3歳児）

（撮影協力：（株）日本保育サービス）

d．最終避難場所に集合・確認

　最終避難場所までの避難が完了したら，避難誘導を担当するクラス担任の保育士等は，

園児が全員揃っていること，けががないことを確認し，園長等の責任者に報告する．

4.3.3　訓練の振り返り

避難訓練が終了したら，園児に対して訓練の講評を行い，よくできた点，注意すべき点を説明する．また，職員は訓練中に感じた疑問点や改善点について意見交換を行い，次回の避難訓練での対応を検討する．特に避難誘導をはじめとする各担当者の人数の過不足や役割分担に関する問題点等については十分に確認して調整し，必要により，次回以降の訓練メニューの見直しを行う．

4.3.4　訓練実施時期

(1)防災訓練の時期

園児は，心身共に毎日成長していることが一般の建物利用者との大きな違いである．年度当初の4月からの1年で園児の心身は大きく成長し，できることも増えてくる．避難時の対応も回を重ねることで習熟が期待できるため，基本的な防災訓練メニューを決定した上で，徐々に訓練メニューを変化させることも有効である．年度当初の4月は保育室から出るところまで，5月には階段室までというように歩行距離を延ばしたり，時間帯をずらして訓練を実施する，などのバリエーションが考えられる．特に3章に示す複合高層型保育施設では，保育施設から地上階まで階段を利用しての避難訓練についても，園児や保育士等が防災訓練に習熟する10月頃に実施するとよい．なお，転倒などの事故や園児の体調に配慮して，天候が悪い場合や厳寒期，猛暑期は無理をせずに図上訓練等での対応とするなど柔軟な対応も必要である．年間の訓練計画の例を表4.3.2に示す．

表4.3.2　年間防災訓練計画の例

日付	災害	訓練	難易度	想定	訓練の内容と主なねらい
4月1日	火災	通報 消火	低	避難訓練の目的や方法について各クラスで話し合う	(園児)火災や地震が発生すると何が起きるのか、どのように行動したら良いか、話し合いながら理解する。
					(職員)災害発生時の役割分担、避難誘導方法及び避難経路について確認する。
5月1日	地震 火災	避難 消火 通報	低	10：00地震発生、直後に調理室から出火	・防災頭巾の役割と正しい使い方を覚える。 ・職員は警報の音の意味を説明し、園児は理解する。 ・園児は職員の指示をよく聞いて静かに参加する。
6月2日	火災	避難 消火 通報	低	10：05調理室より出火。消防署による誘導訓練。	・非常用滑り台を使って訓練を行う。使用時の約束を守り、実際に滑り台を滑って避難の練習をする。 ・消防の人の話を聞く。
7月1日	地震 火災	避難 消火 通報	低	9：30地震発生	・朝の登園時間帯における訓練を行う。
8月3日	火災	通報 避難	中	16：10職員室より出火	・夏期の特例保育時間帯での避難訓練を行う。午前中の訓練時と違う点に留意する。
9月1日	地震 火災	(総合訓練) 通報 避難 消火 応急処置	中	・広域避難訓練(広域避難場所に避難) 保護者に引渡す訓練	(園児)大地震時の行動について各自で考えて、広域避難訓練に参加する。
					(職員)災害発生時の役割分担、避難誘導方法及び避難経路について確認する。
10月2日	火災	避難 消火	中	14：40調理室より出火。	・午睡中、あるいは着替えをしている時間帯での避難訓練を行う。 ・非常用滑り台を利用して避難訓練を行う。
11月2日	地震 火災	通報 避難	中	10：30地震発生	・午前中の保育の時間帯での避難訓練を行う。
12月1日	火災	避難 消火	中	15：00駐車場より出火	・午後のおやつの時間帯での避難訓練を行う。 ・駐車場での出火想定なので、非常用滑り台を利用して通常とは異なる避難経路を利用しての避難訓練を行う。
1月6日	地震 火災	通報 避難	高	10：00地震発生	・大規模な地震が発生したことを想定し、素早く、落ち着いて避難を行う。
2月2日	火災	避難 消火 通報	高	午前中(抜き打ち)調理室より出火	・不意の火災に慌てず、迅速に避難する。
3月1日	地震 火災	避難 消火	高	(抜き打ち)地震発生、直後に調理室から出火	・不意の地震、およびそれにともなう火災に対して避難を迅速に行う。

(2)防災訓練実施の時間帯

　保育施設では，保護者の事情によって登園時間，降園時間にばらつきがあること，昼食後はお昼寝の時間が設定されることが多いこと，また，夕方以降の園児の体力の低下も考慮して，登園が一段落してから昼食までの時間帯に防災訓練を実施するのが一般的である．この時間帯は天候が良い場合，外部へお散歩に行く場合も多く，このお散歩を活用して保育施設外の広域避難場所への防災訓練を行うことも可能である．しかし，火災等の災害はどのような時間帯でも発生する可能性があるため，保育士等や園児の状態が通常保育とは異なる時間帯の防災訓練も必要である．例えばお昼寝から目覚めた直後や，在園児の数が少なくなって複数のクラスを1か所または2か所の保育室に集合させて保育する「縦割り保育」の時間帯等は，保育士の業務が多忙であったり数が少なくなる可能性があるため，通常時とは防災訓練の手法が異なる．その他，お誕生会など

の行事で保育室以外の室で活動している場合，園庭や公園で遊んでいる最中などの屋外からの避難，防災訓練実施の予告なしの避難訓練なども含め，園児が防災訓練に慣れてくる7月頃以降に，防災訓練のバリエーションを増やすことも念頭に，年間の防災訓練計画を検討する．

4.4 保育施設における防災訓練実施上の注意点

4.4.1 けが等の二次災害の防止

4.1.2で述べたように，防災訓練では日常とは異なる状況を体験することが目的である．特に保育士等は心身共に疲労するため，体力の消耗や注意力の欠如によって園児のみならず，保育士等自身にもけが等が発生する可能性が高いことを念頭に，十分な配慮が必要である．また，万が一転倒したり落下物があった場合に備えて，実際の火災時と同様に，園児は防災頭巾や帽子等，保育士等はヘルメット等を着用することが有効である．防災訓練時にこれらを着用することで，着用の手順，特に年齢が低い園児について，着用に要する時間を保育士等が把握することができる．加えて，実際の火災時には迅速な避難のために園児に靴を履かせずに避難させる可能性があるが，足裏の損傷があると避難が不可能となるため，保育士等は忘れずに園児の靴を持参して避難し，年齢の高い園児については靴を履く時に時間がかからないように慣れておくことも必要である．

4.4.2 迷子の防止

園児は，その多くが保育士等の指示を理解して従うことが困難な年齢であり，興味を引く対象があれば，避難訓練中であっても避難経路以外の方向に向かってしまう危険性がある．万が一避難訓練の列から離れた園児を発見したら連れ戻す必要があり，人数確認の時に園児の不足がわかれば，捜索しなければならない．そこで，防災訓練の中でも避難誘導の保育士等は最も多くの人員を割り当てるとともに，自分の持ち場の手が空いたら避難誘導保育士等の援助に入ることを決めておく．また，保育室と待避スペースを保育士等が往復して園児を避難させる場合，保育室の園児と待避スペースの園児の両方に見守りのための保育士等を配置して，園児の迷子を防止する．

4.4.3 パニックの防止

防災訓練時はまず火災発生の非常放送から始まり，自動火災報知設備の鳴動，火災確定連絡のための再度の非常放送など，大きな音の発生が続き，乳児はおびえて泣き出したり，年齢の高い幼児は驚いて足が止まってしまう可能性がある．特に年度当初で防災訓練に慣れていない時期の訓練では，年齢の高い幼児には実施前に十分に説明するなどの配慮をする．しかし，防災訓練はそもそも日常とは異なる状態に対する訓練であり，実際の火災発生時にどのような状況が発生するのかを確認できる良い機会である．防災訓練での状況を実際の火災時に活かすためにも，園児が泣くなどの状況が発生しても無理のない範囲で防災訓練を続行することが望ましい．

4.4.4 外部応援スタッフ依頼時の留意事項

火災時には，通報，初期消火，避難誘導など大勢の人手が必要となるため，小規模な保育施設では避難誘導のための人員が不足する可能性がある．保育士が避難誘導を担当できない場合は，日常的に園児と接する機会の多い職員等（保育施設に常時勤務する保育施設事務室の職員，給食関係職員など）が行うこととしておく．それらの人数を考えても火災時の人手不足が明らかな場

合は，他の事業所等に応援を要請することが考えられる．この場合，応援を要請する事業所に依頼して火災時の役割分担を決め，応援要員も必ず避難訓練に参加する．また，応援要請をどのタイミングで誰が行うのか，その条件を検討して情報を共有しておくことも必要である．年齢が低い乳児や幼児は非日常への対応能力が低く，火災時という特殊な状況下に加え，日頃慣れ親しんでいない大人が突然出現して避難誘導を行うことで，恐怖を感じて指示に従うことができず，避難行動に支障が出る可能性がある．そこで，応援要員は，単独で園児の避難誘導を行うことはせずに，保育士等と一緒に避難誘導に当たるか，避難誘導以外の初期消火，通報などの役割を分担することが望ましい．なお，園児と応援依頼をする事業所のスタッフが交流できる機会を日常的に設定し，お互いの存在に馴れることも，火災時の避難安全確保のためにも有効である．

4.5　ま と め

　本章では，保育施設における防災訓練について，自力での避難が困難な乳幼児が長時間生活する施設という観点から，訓練の基本的な考え方，具体的な実施方法および留意点について述べた．保育施設の防災訓練では，年齢によって避難時に行うべき介助・誘導方法が異なることが最も大きな特徴である．対象とする年齢や避難能力によって必要な準備や避難誘導に必要な人数も変化する．3章で述べた避難安全計画を実現し，実際の火災時に乳幼児を安全・円滑に避難させるために，防災訓練を定期的に実施することが非常に重要である．

参 考 文 献

4.1.1）昭和23年12月29日厚生省令第63号　児童福祉施設の設備及び運営に関する基準第6条

4.2.1）古川容子，佐野友紀，土屋伸一，藤井晧介，佐藤泰，畠山雄豪，長谷見雄二：避難訓練調査に基づく保育園児の避難行動実態把握と避難安全確保の方策　乳幼児の避難安全計画に関する研究　その1，日本建築学会環境系論文集，Vol.81，No.728，pp.845-853，2016.10

4.2.2）昭和23年12月29日厚生省令第63号　児童福祉施設の設備及び運営に関する基準　第32条

第5章 避難安全計画の実践

　乳幼児の行動能力は大人とは全く異なり，特に火災発生時は自ら危険を回避しながら避難することは不可能である．したがって，まず火災を発生させないことが一番であるが，万一発生したとしても，火煙の拡大を最小限に留める．そして，その間に保育士等の介助の下で安全に避難するために，設計者が考えなければならない重要な点を施設計画の面から解説する．また，そのような安全対策を実施した実例を紹介する．

5.1　タイプ別安全計画の実例

5.1.1 共通事項
　保育施設の種類にかかわらず，共通となる項目を列記する．

（1）保育室の配置
　年齢の低い子どもほど歩行能力は低下する．したがって，年齢の低い子どもの保育室ほど，避難階であれば屋外へ通じる出口の近くに，避難階以外の階では階段の近くに配置したい．特に乳児（0,1 歳児）は保育士等が全面的に介助しなければ避難できないので，保育士等が駆け付けやすく，かつ安全な場所へ通じる出口付近に配置する．

　図 5.1.1 は避難階に 0 歳児から 2 歳児までの保育室を配置した事例である．音の問題から 0 歳児を玄関から遠い位置に配置する例を時折見かけるが，防音対策は壁の防音性向上による設計で十分対応できると考えられるので，避難安全の観点ではできるだけ出口に近く，職員室に近い位置に低年齢児の保育室を配置するのがよい．

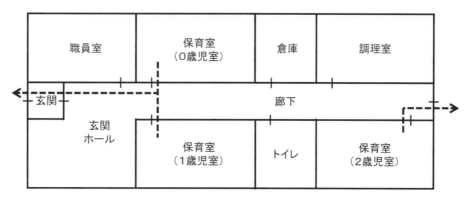

図 5.1.1　保育室の位置

（2）調理室の位置と火災安全対策
　調理室は火気を扱うので，保育施設の他の室に比べて出火の可能性は高い．そのため，できるだけ出火拡大しないように内装を不燃化することはもちろんのこと，IH 調理器など直火を使わないようにする．万一出火した場合には，廊下等へ火煙が拡散しないように，間仕切壁は天井までではなく，上階の床スラブまで達するように立ち上げ，扉等の開口部は防火設備（遮炎性能 20

分）以上の仕様とするのがよい.

　避難経路との関係については，できるだけ調理室の前を通らずに避難できるような配置とし，図 5.1.1 のように調理室の近くに保育室を配置した場合は，出入口を対面させず，かつ保育室から必要最小限の移動で安全な場所へ避難できるようにするのがよい.

（3）施設規模に応じた水平避難区画の確保

　平屋建やビルの 1 フロアで施設を構成する場合，動線が長くならざるを得ない．それが火災時には屋外もしくは階段のような安全な場所に到達するまでの移動距離も長くなり，子どもの避難にとって不利に働く.

　そのため，クラス単位の保育室を有する規模の大きい施設では，図 5.1.2 のように廊下を分断する水平避難区画を設置し，移動距離を短くするのがよい．これにより，火災が発生した施設の滞在者は廊下へ出て最寄りの階段に向かう，もしくは水平避難区画の扉を通過して隣の区画へ水平移動した後，落ち着いて避難することができる.

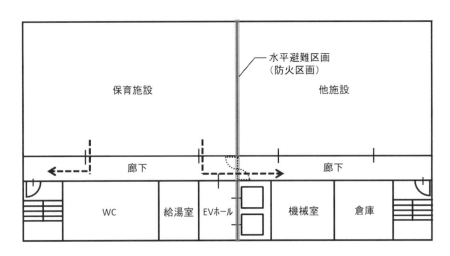

図 5.1.2　水平避難区画の設置例

（4）排煙設備の設置

a. 保育室の排煙

　日常的に開閉可能な窓で排煙を確保している場合を除き，排煙設備には手動開放装置があり，それを操作することで排煙口が開放する．手動開放装置はできるだけ避難行動に合わせて設置する位置を決める．図 5.1.3 において望ましくない例は，排煙口を開放するのに一旦避難経路とは反対の方向に向かわなければならない．これに対し，望ましい例のように避難口の近くに手動開放装置があれば，避難行動の一環として排煙口の開放を促すことができる．訓練等の機会を通じて保育士等に手動開放装置の位置や排煙口の開放方法を周知しておくことが重要である．

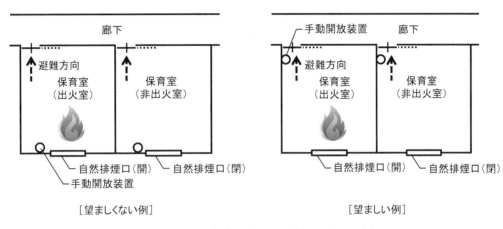

図 5.1.3　排煙手動開放装置の設置例

b. 廊下の避難

　規模の大きい施設内の廊下および共用部の廊下では，歩行距離が長くなり避難に時間を要するので，廊下の排煙は長時間機能するように有効に設置する．特に機械排煙設備を設置するときに注意しなければならないのは，室と廊下を同一系統にしてはならないことである．例えば保育室で火災が発生した場合，排煙ダクト系に設置された防火ダンパーは 280℃で閉鎖するため，図 5.1.4 (a)のように，廊下の排煙が保育室と同一の横引き系統になっていると，廊下の排煙を稼働させたいときに機能しないことになる．そのため，竪ダクトから 2 本のダクトを横引き，室と廊下の排煙系統は別系統とするのが原則である（図 5.1.4 (b)）．ただし，天井の納まり等から 2 本の横引きダクトを展開するのが難しい場合には，図 5.1.4 (c)のように横引きダクトの分岐まで耐火ダクト仕様とし，分岐部でおのおの防火ダンパーを設置し，別系統化を図る．これにより，廊下の排煙は長時間機能することになる．また，近年の建築物は省エネ化で気密性が高くなっているので，特に高層建築物において機械排煙設備を設置する場合には，給気経路の確保に努めるのがよい．

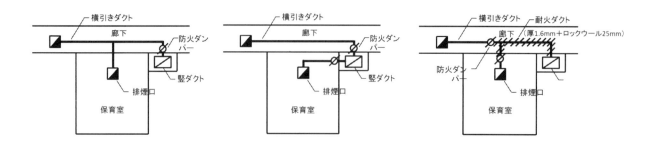

(a) 望ましくない例　　　(b) 望ましい例（原則）　　　(c) やむを得ない対応策の例

図 5.1.4　廊下の排煙ダクトの別系統化

5.1.2 単独型保育施設

(1) 階段の寸法

　2 階建の施設では日常的に階段を使用することが多いと予想される．保育施設に対する階段の基準はほとんどなく，表 5.1.1 のように小学校の児童用または高齢者・障がい者のためのバリアフリーの基準などを参考に，子どものサイズに合わせた踏面，蹴上げなどを決める必要がある（図 5.1.5）．子ども用の手すりの高さは，図 5.1.5 の 2 段手すりの下段高さ（H2）から，15cm から数センチメートル程度低い高さでの設置が必要となる（付録 3 参照）．その際，手すりも子どものサイズに合わせた高さや太さのものを選定することは当然である．

表 5.1.1　階段の基準

項目	建築基準法 施行令第23条[注)] （小学校の児童用）	バリアフリー法 建築設計標準
蹴上	16cm以下	16cm以下
踏面	26cm以上	30cm以上
蹴込	－	2cm以下

注) 階数が2以下で延べ面積が200m²未満の建築物における階段で，寸法が幅75cm以上，蹴上げ23cm 以下，踏面15cm以上の場合，①階段の両側に手すりを設ける，②すべりにくい材料で仕上げる，③昇降の注意喚起を行う，ことで緩和される．

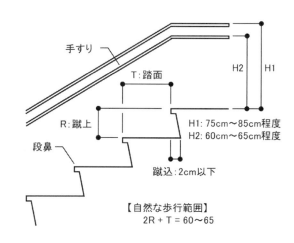

図 5.1.5　階段の踏面と蹴上げの関係

(2) 上階避難経路を守るための区画形成

2 階建の施設では，法的に階段や吹抜け部に竪穴区画を設けなくてよいことになっている．しかし，垂直方向への煙の伝播速度は著しく早く，また，移動速度の遅い子どもがいることを鑑みれば，図 5.1.6 のように，1 階から通じる階段や吹抜け部は上階の避難経路を守るために区画することを原則とする．これにより 1 階の出火に対して 2 階の廊下は煙から長時間守られることになる．

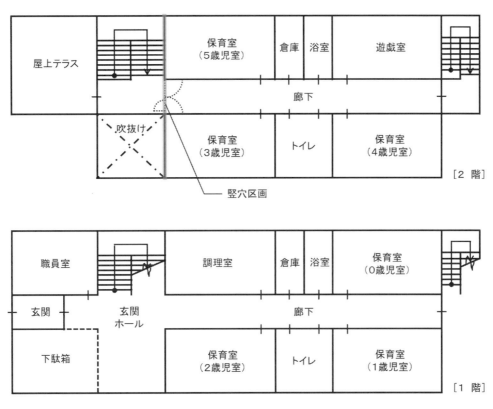

図 5.1.6　2 階建保育施設の避難経路確保のための区画形成の例

なお，階段や吹抜け部を区画するのは上層階の避難経路が失われないようにするためであり，図 5.1.7 のように屋内の廊下を通らず，保育室等の居室からバルコニーを経て階段に到達できる計画の場合には，上述の避難経路を守るための区画はなくてもよい．

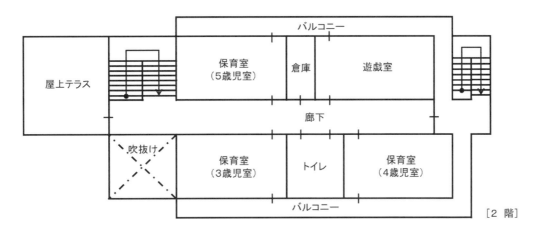

図 5.1.7　屋外バルコニーを設置した前図 2 階の代替計画の例

5.1.3 複合型保育施設

(1) 共用廊下の防煙

　施設が入る専有部と共用廊下とは防煙区画（不燃材料で覆われた壁＋自閉式不燃扉）されているのがよい．不燃材料で覆われた壁で注意したいのはガラススクリーンの扱いである．一般にガラスは緩やかな温度の上昇に対しては一定の時間割れない可能性があるが，火災のように近くで急激な温度上昇が生じると，ごく短い時間で割れてしまう．そのような点で，共用廊下に面する部分にガラス開口を設ける場合には，一定の時間防煙区画を保持できる防火設備のガラスを用いるのが望ましい（図5.1.8）．

　扉についても，自閉式不燃扉で万全というわけではない．不燃扉でどれだけ煙を防げるかについては不明確な点が多く，避難に時間のかかる保育施設では，できるだけ法的に定められた遮煙性能を有する防火設備を設置するのがよい．

　共用廊下は防煙区画を形成するだけでなく，万が一煙が侵入してきたときに備えて排煙設備を5.1.1(4)に基づき有効に設置する．

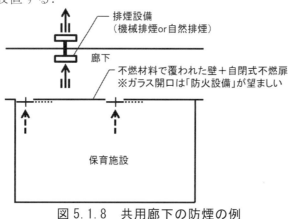

図5.1.8　共用廊下の防煙の例

(2) 一般在館者との混在回避

　乳幼児と大人とでは歩行能力が大きく異なり，同時に避難すると二次災害の危険性があるので，保育施設から階段までは外部バルコニーを活用する（図5.1.9(a)），または廊下を煙感連動閉鎖式の防火戸で分割する（図5.1.9(b)）など，できるだけ専用の避難経路を確保する．

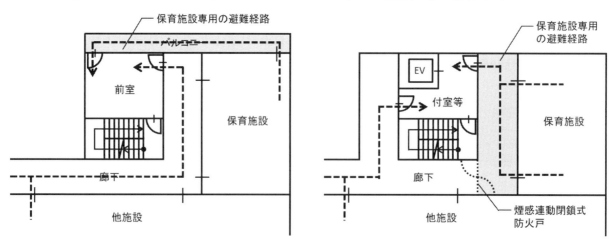

(a) 外部バルコニーの活用　　　　　　　　(b) 専用の避難廊下の確保

図5.1.9　階段までの専用の避難経路の例

（3）階段前の待避スペースの確保

　乳幼児は階段の移動が苦手であり，保育士等も人数確認を行いながら避難することになるので，階段の手前に安全に待避できるスペースを確保する．

a. 高層型保育施設の場合

　高層型保育施設では，図5.1.9(b)のように特別避難階段付室や非常用エレベータ乗降ロビー（以下，付室等という）などが避難支援スペース（待避スペースの中でも室に通じる出口がなく，火煙の侵入の恐れのない安全な待避スペース）として活用できる．高層建築物には煙突効果という特有の現象が現れ，煙はエレベータシャフトや階段室などの竪穴空間に流れ込みやすいので，高層型の避難支援スペースでは煙の侵入を確実に防ぐ必要がある．建築基準法では，付室等の排煙設備は一般の居室や廊下に比べて強化されているが，侵入した煙を除去するのではなく，煙を侵入させない加圧防排煙設備（図5.1.10）が設置されていると，乳幼児や保育士等が安心して待機できると考えられる．その他，避難支援スペースには防災センターとの連絡手段があると，状況の把握や救助の見通し，各種対処方法の確認などに役立つ．

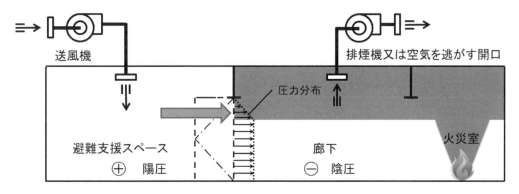

図5.1.10　加圧防排煙設備の概念

b. 低層型保育施設の場合

　低層型保育施設では，階段の手前に前室が確保されていない建物が多い．その場合には，まず，できるだけ階段に近い位置に施設を配置する（図5.1.11）．共用廊下の改修が可能であれば，図5.1.12のように廊下を煙感連動閉鎖式の防火戸で分割するなどして待避スペースを確保する．

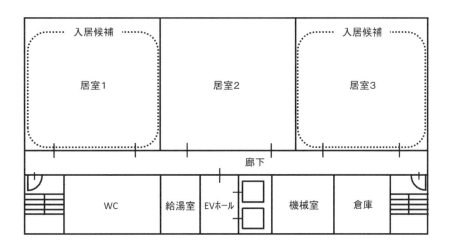

図5.1.11　保育施設の望ましい位置

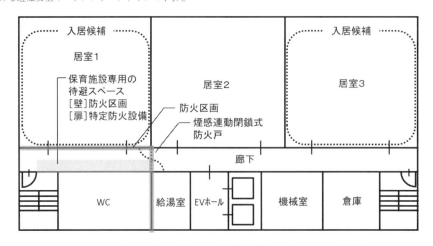

図 5.1.12　共用廊下側への避難支援スペースの設置例

　共用廊下の改修が難しい場合には，できるだけ階段入口に近い位置で保育施設側に待避スペースを造るのも一案である（図 5.1.13）．その際，保育施設側での火災にも配慮し，待避スペースの壁は耐火構造で天井裏まで壁を立ち上げ，また，扉等の開口部は特定防火設備とするのがよい．ただし，火災の影響を考えれば，本来は階段に通じている位置で待機できることが望ましい．

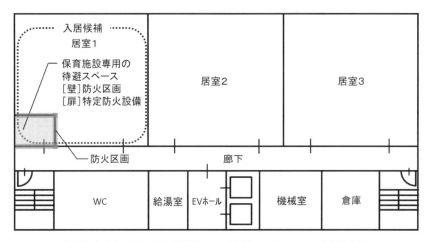

図 5.1.13　保育施設側への待避スペースの設置例

（4）避難階の受け渡し場所の確保

　保育施設の入居する建物が火災になると，父母が救助に向かう可能性があるが，階段をむやみに逆走すると，避難や消防隊による救助活動にかえって混乱をきたす．そのため，避難階（地上）の子どもの受け渡し場所をあらかじめ決めておき，火災時には施設側が責任をもってそこまで誘導し，避難階（地上）の受け渡し場所で乳幼児を引き渡すのがよい．

（5）非常用エレベータによる避難階への移動

　火災により発生する煙が階段やエレベータなどの竪穴部分に流入すると，浮力により上層階に速く伝播しやすい．また，煙流入時の搭乗者への影響が大きいと予想され，かつ煙の影響による誤作動・停止が懸念されるため，火災時の避難にエレベータを使わないのが原則である．一方，高層型ほど地上への避難が難しくなるので，避難支援スペースに確実な遮煙対策が施されるならば，消防隊が到着するまでの間，監視員搭乗の下，非常用エレベータを避難に使用する考え方もある[5.1]．なお，非常用エレベータを避難に使う場合には，消防機関に相談する必要がある．

5.2　推奨される安全計画の実例

5.2.1　専用のバルコニーを計画した例

　地上 27 階建て複合用途ビルの 2 階に保育所が入居する事例である（表 5.2.1）．付近には店舗が併設され，日常的には吹抜けに隣接する廊下を共用する（図 5.2.1）．

　保育所で火災が発生した場合には，日常動線であるエントランス側に避難するか，または専用の外部歩廊を経て直通階段に避難できる．直通階段は保育所専用ではないが，歩廊の一角に配置した待避スペースで待機し，外部からの救助を待つこともできるので，乳幼児と一般の避難者が混在することも回避できる．

表 5.2.1　建物概要と保育施設の計画の特徴

項　目		内　容
建物概要	用途	事務所，物品店舗，飲食店，銀行店舗，保育所
	階数	地下 4 階，地上 27 階
	延べ床面積	約 14 万 m²
保育施設概要	入居階	地上 2 階
	定員	乳幼児：32 名，職員：約 10 名

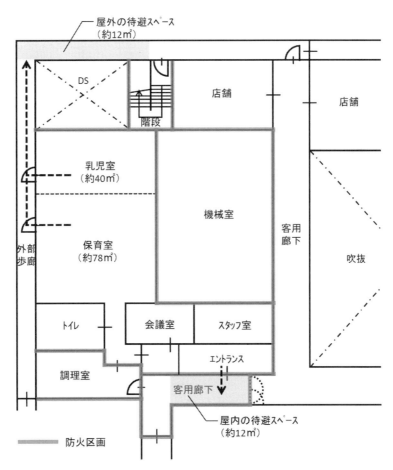

図 5.2.1　保育施設の入居階の平面概念図と避難経路

5.2.2 専用の直通階段を設置した例

　地上 33 階建複合用途ビルの 6 階に保育所が入居する事例である（表 5.2.2）．付近には共用の会議スペースが併設され，日常的にはロビー空間を共用する（図 5.2.2）．

　園児の遊び場である園庭の脇に専用の階段を設置した事例である．法律上はロビー側への経路と併せて二方向避難を確保している．その避難動線上には厨房があり火気を扱うことから，防火区画を行い，避難経路の安全性を高めている．冬期の積雪など待機に適さない状況にならない限り，園庭へ避難さえすればそこで一時待機も可能であり，専用の階段を利用して安全に階下へ避難できる．

表 5.2.2　建物概要と保育施設の計画の特徴

項　目		内　容
建物概要	用途	事務所，物品店舗，飲食店，駅舎，駐車場，保育所等
	階数	地下 2 階，地上 33 階
	延べ床面積	約 14 万 m^2
保育施設概要	入居階	地上 6 階
	定員	乳幼児：50 名弱，職員：15 名弱

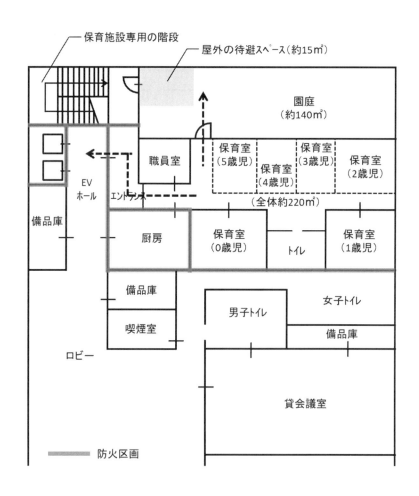

図 5.2.2　保育施設の入居階の平面概念図と避難経路

5.2.3　一般の人とほぼ混在しないで待避スペースへ避難できる例

　地上 33 階建複合用途ビルの 3 階に保育施設が入居する事例である（表 5.2.3）．付近にはサービス系の店舗が併設されている（図 5.2.3）．保育施設近くに煙感連動閉鎖式の防火扉が設置され，共用廊下を分割できるようになっている．

　本建物は付室に二方向から入れる計画であり，一般の避難者との動線分離が図りやすいこともあって，保育所の待避スペースはさらに煙感連動閉鎖式の防火扉で区画された専用のスペース（廊下）として共用部に確保され，屋外バルコニーを経て一般の在館者と混在せずに階段に進入できる計画である。なお，当該保育所は地上 3 階に位置しており，屋外バルコニーでは消防隊による外部からの救助も期待できる．

表 5.2.3　建物概要と保育施設の計画の特徴

項　　目		内　　容
建物概要	用途	事務所，物品店舗，飲食店，駐車場
	階数	地下 4 階，地上 33 階
	延べ床面積	約 15 万 m^2
保育施設概要	入居階	地上 3 階
	定員	乳幼児：最大 60 名，職員：12 名

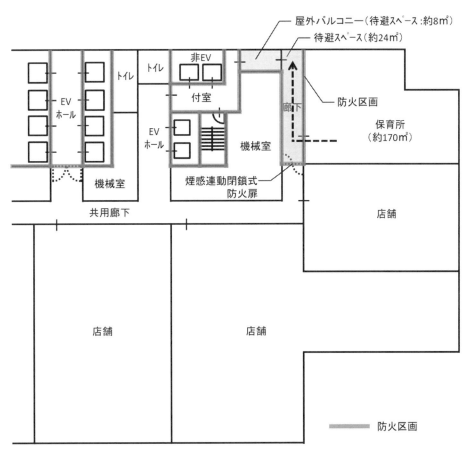

図 5.2.3　保育施設の入居階の平面概念図と避難経路

参 考 文 献

5.1) 東京消防庁：高層建築物等における歩行困難者等の避難安全対策の推進について，2013.9
　　　https://www.tfd.metro.tokyo.lg.jp/hp-kouhouka/pdf/250930.pdf, 2019.12　アクセス

付　　　録

付　　録

付録 1　用語の説明

　本手引きは，保育施設の設計や維持・管理に携わる人たちはもちろんのこと，保育施設で働く保育士等の保育従事者，あるいは保護者等にも参考となるように作成しているが，一部専門的な用語となっているものもあるため，本文中で説明がない主な用語について説明した．

・**自力避難困難者**（まえがき　に掲載（以下，同じ））
　　自力で避難することが困難であり，介助が必要な避難者をいい，保育施設では乳幼児である園児全般が該当する．避難行動要支援者と表現される場合もある。

・**お散歩カー**（避難車）（2.1 節）
　　複数（4〜8 人乗り等）の乳幼児を乗せることができるカートをいう．散歩車，多人数用ベビーカートなどとも呼ばれ，避難時に避難車としての使用を考慮されているものもある．

・**本体建物**（2.2 節）
　　複合型保育施設において，保育施設が入居する建物全体のことを本手引きでは「本体建物」という．

・**不燃材料，準不燃材料**（2.2.1 項）
　　法令による内装材には，燃えにくい順に不燃材料，準不燃材料および難燃材料の規定があり，定められた以下の 3 つの不燃性能，
　　　燃焼しにくい（非燃焼性），
　　　防火上有害な変形，溶解，亀裂そのほかの損傷を生じない（非損傷性），
　　　避難上有害な煙またはガスを発生しない（非発煙性），
を保持する時間により区分され，加熱開始後 20 分間以上の不燃性能を保持するものを不燃材料，加熱開始後 10 分間以上の不燃性能を保持するものを準不燃材料という．なお，難燃材料は加熱開始後 5 分間以上の不燃性能を保持するものをいう．

・**防火設備**（2.2.5 項）
　　建築基準法でいう防火設備とは，建物内において延焼を防止するなどのために設けられる防火戸で，20 分以上の遮炎性能を持つものをいう．

・**特定防火設備**（2.2.5 項）
　　建物内において延焼を防止するなどのために設けられる防火戸で，1 時間以上の遮炎性能を持つものをいい，防火区画の開口部に設置される．

・**誘導標識等**（誘導灯，誘導標識）（2.3.1 項）
　　火災時に，建物内にいる者を屋外に避難させるため，避難口の位置や避難の方向を明示した灯火および標識をいう．

・**竣工**（2.3.2 項）

　建物の建設工事が完成してできあがることをいう．

・**乗用エレベータ**（2.3.3 項）

　もっぱら人の輸送を目的とする一般的なエレベータをいう．

・**非常用エレベータ**（2.3.3 項）

　建築基準法（第 34 条 2 項）により，建物の高さ 31m を超える建築物に設置が義務付けられるエレベータをいう．災害発生時に高層建築物等では消防隊が階段を上がって救出に向かうことが困難なためであり，消防隊専用運転に切り替えられる装備をもつ．また，火災等で商用電源が遮断されても運転できるよう予備電源から電気が受けられ，電線も普通の火災で焼けないよう耐火電線を用いて配線されている．

・**手すり子**（2.3.3 項）

　階段の手すりを支える支柱の間に設置される比較的細い支柱をいう．日常的に使用する階段では墜落を防止するために手すり子の間隔を狭くして設置されることが多いが，普段は使用されない非常階段等では手すり子の間隔が広い場合がある．

・**人数確認**（3.3.2 項）

　概ね 3〜5 歳児クラスでグループ避難を行う際に，グループの幼児がはぐれることを防ぎ，単独行動とならないように適宜人数確認を行うことをいう．

・**自動火災報知設備**（4.1.1 項）

　警報設備の一種．火災による熱や煙を自動的に感知し，音響装置（音声やベル等）を鳴動させて火災の発生を建物内に報知し，避難と初期消火活動を促す設備をいう．建物の面積や用途により設置が義務付けられている．

・**竪穴区画**（5.1.2 項）

　階段や吹抜け等に煙が流入すると避難等に支障を来たすため，階段や吹抜け等の竪穴部分を他の部分と防火区画することをいう．

付録 2　日本人乳幼児の寸法データ

付 2.1　乳幼児の身長・体重

　厚生労働省は，統計法に基づく一般統計調査の一つとして，生後 14 日から小学校就学前の日本人乳幼児の体重，身長，胸囲，頭囲などを 10 年周期で調査し，その結果を公表している．付表 2.1，2.2 に「平成 22 年乳幼児身体発育調査の概況」[付 2.1] の一部を示す．なお，10 年ごとの調査結果の平均値は，昭和 45（1970）年以降ほとんど伸びが止まっていることから，次回調査（2020 年）の結果もほぼ変わらないと推定される．

（1）男女差

　乳幼児の身長の男女差をみると，すべての齢において男子が女子を上回っているが，僅差である（付表 2.1）．また，乳幼児の体重の男女差も，50 パーセンタイル値（中央値）[注 1] で最大 0.64kg（2 歳 0〜6 月）にとどまる（付表 2.2）．したがって，保育施設の設計や避難計画においては，同齢の乳幼児の身長や体重の性差を考慮する必要はないであろう．

（2）齢による成長

　付表 2.1，付表 2.2 の 50 パーセンタイル値（中央値）をみると，出生時は身長 50cm 弱，体重約 3kg であるが，1 歳で身長 75cm 弱，体重 9kg 前後に成長し，1 年間で身長が約 1.5 倍，体重が約 3 倍になる．それ以降は，しだいに伸びが緩やかになるが，2 歳前半で身長 85〜87cm 程度，体重 11kg 台，4 歳前半で身長 100cm，体重 15kg を超え，6 歳前半で身長が約 114cm，体重が 19kg 台になる．

付 2.2　乳幼児の寸法からみた避難上の留意点

（1）階段の寸法基準

　建築基準法施行令第 23 条には，事務所ビルや商業施設など（直上階の居室の床面積の合計が 200 ㎡ を超える地上階など）の階段の寸法が，蹴上げ 20cm 以下，踏み面 24cm 以上，小学校における児童用の階段の蹴上げが 16cm 以下，踏み面が 26cm 以上と規定されているが，幼児を対象とした階段寸法の基準はない．また，児童福祉施設最低基準（昭和 23 年 12 月 29 日厚生省令第 63 号）や幼稚園設置基準（昭和 31 年文部省令第 32 号），東京都保育所設備・運営基準解説（平成 29 年 6 月）にも，階段の寸法に関する基準がない．ただし，自治体によっては，幼稚園や保育所をバリアフリー法第 14 条に基づく条例（福祉のまちづくり条例）の対象としており，その場合は，同条例による階段寸法の基準が適用される．

　なお，幼稚園施設整備指針（平成 26 年 7 月　文部科学省大臣官房文教施設企画部）の第 3 章に，「階段は，幼児が安全に昇降することができるよう，段差の寸法や手すりの位置，床面の素材などに配慮することが重要である．」とあるが，これは主として日常災害発生防止を目的としたものである．

　自力で階段避難が可能になると考えられる 4 歳児の身長の目安を 100〜105cm とすると，身長 170cm の成人に対する比率は 0.6 前後となるから，4 歳児にとっては蹴上げ寸法 16cm が成人における 27cm 程度，20cm の蹴上げ寸法が 33cm 程度に相当する．

　また，階段の寸法に関連する事項として，4歳児にとっては，階段の手すり高さ50cm前後が，成人における80～85cm程度に相当することも理解しておく必要がある．

（2）乳幼児の体重

　50パーセンタイル値（中央値）でみると，月齢6～7月で7kg台後半～8kg，1歳児で9kg前後，2歳児で11kgを超える（付表2.2）．幼稚園や保育所で災害が発生したときに，成人が乳幼児を抱きかかえて避難する場合や，大型ベビーカーに乗せて避難させるなどの場合を想定し，乳幼児の標準体重を確認しておきたい．

付表2.1　乳幼児の身長（厚生労働省「平成22年乳幼児身体発育調査」[注1] による）

齢	男子　パーセンタイル値 [cm]							齢	女子　パーセンタイル値 [cm]						
	3	10	25	50 中央値	75	90	97		3	10	25	50 中央値	75	90	97
出生時	44.0	46.0	47.4	49.0	50.2	51.5	52.6	出生時	44.0	45.5	47.0	48.5	50.0	51.0	52.0
30日	48.7	50.4	51.9	53.5	55.0	56.3	57.4	30日	48.1	49.7	51.1	52.7	54.1	55.3	56.4
0歳6～7月	63.6	64.9	66.3	67.9	69.4	70.8	72.1	0歳6～7月	61.7	63.4	64.9	66.5	68.0	69.2	70.4
1歳0～1月未満	70.3	71.7	73.2	74.8	76.5	78.0	79.6	1歳0～1月未満	68.3	70.0	71.7	73.4	75.0	76.4	77.8
6～7月	75.6	77.2	78.8	80.6	82.5	84.2	85.9	6～7月	73.9	75.6	77.3	79.2	81.0	82.7	84.2
2歳0～6月未満	81.1	82.9	84.6	86.7	88.7	90.6	92.5	2歳0～6月未満	79.8	81.5	83.3	85.3	87.4	89.3	91.2
6～12月	85.2	87.0	89.0	91.1	93.3	95.4	97.4	6～12月	84.1	85.8	87.7	89.8	92.0	94.1	96.3
3歳0～6月未満	88.8	90.7	92.8	95.1	97.4	99.6	101.8	3歳0～6月未満	87.7	89.6	91.5	93.8	96.2	98.4	100.6
6～12月	92.0	94.1	96.2	98.6	101.1	103.4	105.8	6～12月	90.9	92.9	95.0	97.4	99.9	102.2	104.5
4歳0～6月未満	95.0	97.1	99.3	101.8	104.5	107.0	109.5	4歳0～6月未満	93.8	96.0	98.3	100.8	103.4	105.7	108.1
6～12月	97.8	100.0	102.3	104.9	107.7	110.3	113.0	6～12月	96.5	99.0	101.4	104.1	106.7	109.1	111.4
5歳0～6月未満	100.5	102.8	105.2	108.0	111.0	113.7	116.5	5歳0～6月未満	99.1	101.8	104.5	107.3	110.1	112.5	114.8
6～12月	103.3	105.8	108.4	111.3	114.3	117.1	119.9	6～12月	101.6	104.7	107.6	110.6	113.4	115.9	118.2
6歳0～6月未満	106.2	109.0	111.8	114.9	118.0	120.8	123.6	6歳0～6月未満	104.2	107.6	110.8	114.0	116.9	119.4	121.7

付表2.2　乳幼児の体重（厚生労働省「平成22年乳幼児身体発育調査」[注1] による）

齢	男子　パーセンタイル値 [kg]							齢	女子　パーセンタイル値 [kg]						
	3	10	25	50 中央値	75	90	97		3	10	25	50 中央値	75	90	97
出生時	2.10	2.45	2.72	3.00	3.27	3.50	3.76	出生時	2.13	2.41	2.66	2.94	3.18	3.41	3.67
30日	3.00	3.37	3.74	4.13	4.51	4.85	5.17	30日	2.90	3.22	3.54	3.89	4.23	4.54	4.84
0歳6～7月	6.44	6.94	7.44	8.00	8.56	9.07	9.57	0歳6～7月	6.06	6.49	6.95	7.47	8.02	8.53	9.05
1歳0～1月未満	7.68	8.15	8.65	9.24	9.86	10.44	11.04	1歳0～1月未満	7.16	7.62	8.11	8.68	9.29	9.87	10.48
6～7月	8.70	9.18	9.71	10.35	11.04	11.73	12.47	6～7月	8.05	8.55	9.09	9.73	10.42	11.08	11.77
2歳0～6月未満	10.06	10.60	11.19	11.93	12.76	13.61	14.55	2歳0～6月未満	9.30	9.89	10.53	11.29	12.11	12.90	13.73
6～12月	10.94	11.51	12.17	12.99	13.93	14.90	16.01	6～12月	10.18	10.85	11.56	12.43	13.36	14.27	15.23
3歳0～6月未満	11.72	12.35	13.07	13.99	15.04	16.15	17.43	3歳0～6月未満	11.04	11.76	12.56	13.53	14.59	15.64	16.76
6～12月	12.42	13.10	13.89	14.90	16.08	17.34	18.82	6～12月	11.83	12.61	13.49	14.56	15.75	16.95	18.27
4歳0～6月未満	13.07	13.80	14.65	15.76	17.08	18.51	20.24	4歳0～6月未満	12.56	13.39	14.33	15.51	16.84	18.21	19.73
6～12月	13.71	14.50	15.42	16.62	18.09	19.71	21.72	6～12月	13.27	14.15	15.15	16.41	17.89	19.43	21.20
5歳0～6月未満	14.37	15.23	16.24	17.56	19.17	20.95	23.15	5歳0～6月未満	14.01	14.92	15.97	17.32	18.93	20.65	22.69
6～12月	15.03	16.02	17.17	18.63	20.36	22.19	24.33	6～12月	14.81	15.75	16.84	18.27	20.00	21.91	24.22
6歳0～6月未満	15.55	16.84	18.24	19.91	21.70	23.43	25.25	6歳0～6月未満	15.71	16.68	17.81	19.31	21.15	23.21	25.77

注

　　1）データを小さい（大きい）順に並べたとき，初めから数えて全体の何パーセントのところに位置するかを示す値をパーセンタイル値といい，小さい（大きい）順に並べたときに中央に位置する値を中央値という（したがって，50パーセンタイル値＝中央値になる）．一般に，平均値と中央値は一致しないが，正規分布になる場合は，中央値が平均値と一致する．人体寸法は，ほぼ正規分布になるため，付表2.1，2.2の50パーセンタイル値（中央値）は，ほぼ平均値に一致する．

参考文献

付2.1）厚生労働省：平成22年乳幼児身体発育調査の概況について
　　　https://www.mhlw.go.jp/stf/houdou/0000042861.html

付録3　階段・手すりの基準

　自力歩行が可能な幼児が支援を受けながら階段を降下する場合に必要な階段の蹴上げと踏面の寸法および手すり設置の基準等を，「高齢者，障害者等の移動等の円滑化の促進に関する法律」（バリアフリー法）の建築物移動等円滑化誘導基準（平成31年3月改正）および建築設計標準（平成28年度改正版）等を引用・要約し整理した．

付3.1　蹴上げと踏面の寸法（付図3.1）

　建築物移動等円滑化誘導基準の第4条では，以下のとおり規定されている．幼児の身体寸法はばらつきが大きいことを考慮すると，蹴上げはより低い高さが望ましいと判断される．

　基準：蹴上げ16cm以下　踏面30cm以上

　また，幼児・児童も日常的に利用する横断歩道橋に関しては国土交通省・立体横断施設技術基準（昭和53年3月22日）の横断歩道橋編2-8で標準値として蹴上げ15cm・踏面30cmが示されている．ショッピングセンターの内部階段では15cm程度の事例が多く確認できる．

　よく知られている蹴上げと踏面の以下の評価式に基づくと，以下の結果となる．

　　550 mm≦T＋2R≦650mm（T：踏面　R：蹴上げ）

　踏面30cm　蹴上げ16cm　の場合：T＋2R=62

　踏面30cm　蹴上げ15cm　の場合：T＋2R=60

　例えば，階高4.0mの建築物に，段床部と踊り場の幅員有効1.4m，段数26段（片側13段），踏面30cmの階段を設置する場合は，蹴上げ約15.4cm，段床部（片側踏面計）3.9m，踊り場2か所計2.8mとなり，有効幅が長辺6.7m短辺2.8mの階段室となる．

付3.2　手すりの望ましい設置方法（付図3.1）

　建築物移動等円滑化誘導基準の第4条では，以下が規定されている．

・両側に設ける

・踊場にも連続させ，途中で途切れない

・階段の上端では，手すりは水平に45cm以上延長し，下端では斜めの部分を含めて段鼻から45cm以上延長する

さらに，建築設計標準の2.13A.1手すりでは以下が関係する内容として規定されている

・高さ

　手すりの上端の高さ（H）は以下のとおりとする．

　階段の場合

　　1本の場合：　H =75〜85cm程度

　　2本の場合：　H =75〜85cm程度と H =60〜65cm程度

　幼児と幼児以外が共用する階段の場合は2本設置が必要となる．

　　適正な高さは，大腿骨大転子（太ももの骨の一番上の少しポコッと出た部分）の高さ，あるいは橈骨茎状突起（腕を真っ直ぐ下した状態での手首の位置に相当する）の高さが望ましいと言われている．階段を使用する幼児を3歳から6歳と想定すると，人間生活工学研究センターが公表している「子どもの身体寸法データベース：計測年2005年〜2008年」に掲載された大腿骨大転子の平均高さは，3歳約45cm，4歳約50cm，5歳約55cm，6歳約58cmであり，上記の2本の場合の下側の高さよりも15cmから数cm程度低い高さでの設置が必要となる．

・壁との関係

　壁との間隔は，4〜5cm程度とし，手すりの支持は下側とする

・形状

断面は，円形等握りやすいことを第一の条件とし，外径 3～4cm（小児用の場合 3cm）程度

衝突時の危険性を少なくし，服の袖の引掛りを避けるため，手すりの端部は壁側に曲げる

・材質

体重をかけた時に滑りにくい

なお，文部科学省の幼稚園施設整備指針（平成 30 年 3 月改訂：第 5 章詳細設計・第 6 その他・2 手すり）には，手すりについて以下が定められているが，具体的な数値等は示されていない．廊下・階段等の手すりは，幼児が握りやすく，安全で感触の良い材質，形状等とすることが重要である．なお，壁等に設置する手すりは，壁との距離や手すりの支持部分の位置，形状等に留意して計画することが重要である．

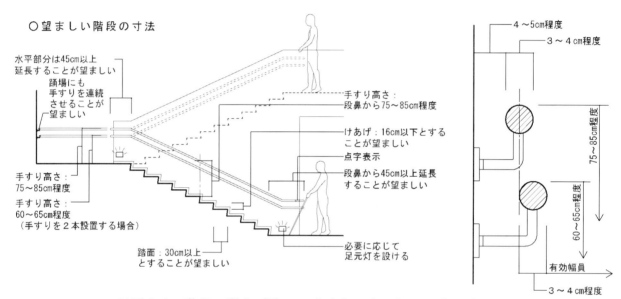

付図 3.1　階段の蹴上げ踏面の寸法と手すり設置の考え方

出典：国土交通省：高齢者，障害者等の円滑な移動等に配慮した建築設計標準（平成 28 年度）

付録 4　保育施設に関わる基準

付 4.1　保育施設の分類

　乳幼児・児童の保育・教育のための施設としては保育所，認定こども園，幼稚園があげられる．

　保育所は，大きく認可保育所と認可外保育施設に分類される．認可保育所は，児童福祉法に基づき区市町村が設置したもの，または民間事業者等が都道府県知事の認可を受けたものを指す．2015 年に子ども子育て支援制度に基づく地域型保育事業，幼保連携型認定こども園が加わり，法規上の分類は多岐にわたっている．

　上記の国が定めた法に基づき，認可された以外の保育施設はすべて認可外保育施設となる．東京都の認証保育所や横浜市の横浜保育室など，都道府県や区市町村が独自に定めた規準に基づいて認証，補助する事業も認可外保育施設に分類される．また，企業主導型保育事業も認可外保育施設になる．

付 4.2　保育施設の建物に関わる基準

　保育施設の建物に対しては建築基準法，消防法の他に厚生労働省または文部科学省が定める施設に関わる基準が適用される．付表 4.1 に掲げた各施設に適用される基準を付表 4.2 および付表 4.3 にまとめる．

　児童福祉法等に基づく保育施設に関わる基準は事業形態ごとに規定されているため複数のものが設けられているが，保育施設を設置する建築物に関わる基準は「児童福祉施設の設備及び運営に関する基準」に準拠しており，大きな違いはない．当該基準に基づく施設に関する基準を付表 4.3 にまとめる．

　認可外保育施設であっても，事業者には都道府県知事への届け出義務があり，都道府県知事は監督権限を有している．事業者からの届け出に基づき，認可外保育施設指導監督基準に沿って指導することになる．

付表 4.1　保育施設の分類

施設の種類				施設の概要
認可保育所				日々，保護者の委託を受けて，保育に欠けるその乳児又は幼児を保育することを目的
認可を受ける保育施設	地域型保育事業	家庭的保育事業		満 3 歳未満のものについて，家庭的保育者等が自宅等で保育することを目的とした事業．利用定員 5 人以下．
		小規模保育事業		満 3 歳未満のものについて，保育することを目的とする施設．利用定員 6 人〜19 人以下
			A 型	保育従業者は全員保育士．
			B 型	保育従業者は保育士または研修を修了した者．保育士の割合は半数以上．
			C 型	保育従業者は家庭的保育者．利用定員 6 人〜10 人以下
		事業所内保育事業		満 3 歳未満のものについて，事業主等がその雇用する労働者の児童を対象として保育事業を行っているもの 満 3 歳以上の幼児で保育が必要と認められるものについて，事業主等がその雇用する労働者の児童を対象として保育事業を行っているもの
		居宅訪問型保育事業		満 3 歳未満の乳児・幼児の居宅において家庭的保育者による保育を行う 満 3 歳以上の幼児で保育が必要と認められるものについて，当該児童の居宅において家庭的保育者による保育を行う
	認定こども園			教育・保育を一体的に行う施設．以下の機能を備え，認定基準を満たす． ・就学前の子どもに幼児教育・保育を提供する機能 ・地域において子育て支援を行う機能
		幼保連携型		認可幼稚園と認可保育所とが連携して，一体的な運営を行うことにより，認定こども園としての機能を果たすタイプ
		幼稚園型		認可幼稚園が，保育に欠ける子どものための保育時間を確保するなど，保育所的機能を備えて認定こども園としての機能を果たすタイプ
		保育所型		認可保育所が，保育に欠ける子ども以外の子どもも受け入れるなど，幼稚園的機能を備えて認定こども園としての機能を果たすタイプ
認可外保育所				認可保育所以外の保育施設の総称
	自治体独自認定の保育施設			各自治体が独自に定める設備や保育水準を満たす施設として認定した保育施設 例）　東京都：認証保育所，横浜市：横浜保育室，など
	事業所内保育施設			事業主等がその雇用する労働者の児童を対象として保育事業を行っているもの
	院内保育施設			病院，診療所の業務に従事する職員の児童を対象として院内保育事業を行っているもの
	居宅訪問型保育事業			児童福祉法第 6 条の 3 第 11 項に規定する業務を目的とする事業を行っている事業所
	家庭的保育事業			家庭的保育事業等実施要綱に基づく事業
	ベビーホテル			夜間（19 時以降）保育，宿泊を伴う保育，または時間単位で一時預かり，のいずれかを行っているもの
	その他			上記以外の認可外保育施設
	認定こども園 地方裁量型			幼稚園・保育所いずれの認可もない地域の教育・保育施設が，認定こども園としての機能を果たすタイプ
幼稚園				幼児を保育し，適当な環境を与えて，その心身の発達を助長することを目的

付表 4.2 建築基準法および主な建築基準関係規定での保育施設の扱い

	保育所	幼保連携型認定こども園	幼稚園
建築基準法	法別表 1 (2) 児童福祉施設 特殊建築物	保育所，幼稚園双方の基準が適用される．規定の内容が異なる場合は厳しい方を適用	法別表 1 (3) 学校 特殊建築物
消防法	令別表 1 (6) ハ 特定防火対象物	令別表 1 (6) ハ 特定防火対象物	令別表 1 (6) ニ 特定防火対象物
バリアフリー法	特定建築物	特定建築物	特定建築物
バリアフリー条例	すべての規模で適合を義務化しているところがある	保育所にならう	一定規模以上で適合を義務化しているところがある

付表 4.3 児童福祉法等に基づく保育施設の基準

施設の種類			施設の概要
認可を受ける保育施設	認可保育所		児童福祉施設の設備及び運営に関する基準 （都道府県ごとに独自の認可基準を定めているところがある）
	地域型保育事業	家庭的保育事業	家庭的保育事業等の設備及び運営に関する基準
		小規模保育事業	
		事業所内保育事業	
		居宅訪問型保育事業	
	幼保連携型認定こども園		幼保連携型認定こども園の学級の編制，職員，設備及び運営に関する基準
認可外保育所	自治体独自認定の保育施設		東京都認証保育所事業実施要綱など，設置する自治体ごとに基準を制定
	地域型保育事業		家庭的保育事業等の設備及び運営に関する基準 認可外保育施設指導監督基準
	院内保育施設		
	ベビーホテル		認可外保育施設指導監督基準
	その他		
幼稚園			幼稚園設置基準

付録5　介助避難時間の計算方法

　保育施設を設計する際，その施設からどれくらいの時間で避難できるかを推定することは，内装の仕上げをより燃えにくい材料で造る，避難経路を短くする，排煙により煙の降下を遅らせるなど，施設の避難施設や防災設備を検討する上で重要な指標となる．一方，施設運用段階に目を向けてみると，避難訓練を行う際，どれくらいの時間で避難できればよいか目安となる時間としての利用も考えられる．

　保育施設では子供の年齢に応じて避難の方法が異なる．一般に 0,1 歳児の乳児は保育士が介助しながら避難先まで移動する．一度に乳児を移動させることができない場合は，保育士は乳児がいる場所から避難先までの間を何度も往復することになる．一方，2 歳児以上の幼児は歩行能力に差があるものの自ら歩くことができるため，保育士が見守りながらクラス単位で避難先まで移動する（付図 5.1）．

　避難先は避難の段階に応じて変わる．各保育室が火災になった場合の居室避難の評価では，避難先は各保育室を出たところとなる．一方，保育施設内の調理室や倉庫など他の場所で火災が発生した場合の階避難の評価では，最終的な避難先は階段室となるが，一定の時間火煙の侵入を防いで安全に待避できる場所を確保できれば，まずはそこまで避難させる（付図 5.2）．

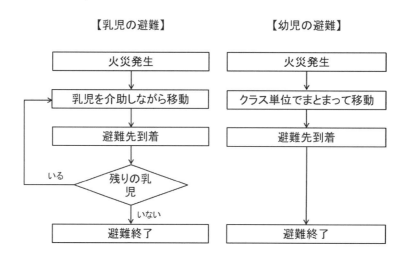

付図 5.1　介助避難のフロー

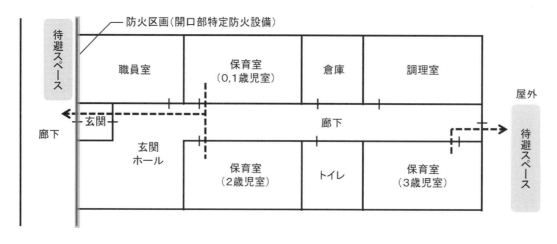

付図 5.2　避難の目的地

付 5.1　前 提 条 件

(1)　乳幼児および保育士の人数設定

児童福祉施設最低基準（昭和 23 年 12 月 29 日厚生省令第 63 号）では，保育に供する室の床面積が付表 5.1，乳幼児に対する 1 人あたりの保育士の必要人数が付表 5.2 のように定められている．この基準を満たす計画条件の人数の乳幼児および保育士やその他職員が避難するものとする．

付表 5.1　保育室等の必要面積

区　分	要　件
乳児室またはほふく室 （0 歳，1 歳児）	1 人あたり 3.3m^2（有効面積）以上
保育室または遊戯室 （満 2 歳以上の幼児）	1 人あたり 1.98m^2（有効面積）以上

付表 5.2　保育士の人員配置基準

区　分	保育士 1 人あたりの保育人数
0 歳（乳児）	3 人
満 1 歳以上 3 歳未満	6 人
満 3 歳以上 4 歳未満	20 人
満 4 歳以上の幼児	30 人

注）2 人を下回ることはできない．

(2)　乳幼児および保育士の歩行能力

乳幼児と保育士等の歩行速度は，付表 5.3 のように与えられる．保育士等が乳児を抱えて避難する場合，または幼児に付き添いながら避難する場合の歩行速度は，既往の実験報告を踏まえて設定した．

付表 5.3　乳幼児と保育士等の歩行能力

避難形態	避難形態	歩行速度
水平移動	保育士等が乳児（1 歳児以下）を抱えて避難する場合（往路）	$v_2＝0.50$m/秒＝30m/分
	保育士等が単独で移動する場合（復路）	$v_3＝1.30$m/秒＝78m/分
	保育士等が幼児（2 歳児以上）に付き添いながら避難する場合（往路）	$v_1＝0.50$m/秒＝30m/分

保育士等が乳児を抱えて避難する場合のデータはほとんどないので，病棟内の廊下に設けた測定区間（10m）を通過する所要時間の測定報告[付 5.1]から援用する．同報告では介助されて移動する形態の分類中に「抱きかかえて（親子）」が含まれており，病棟は内科系 1 病棟，外科系 2 病棟，眼科，小児外科，小児内科の計 6 病棟が実測対象とされた．明確に「抱きかかえて（親子）」の記載はないが，介助されて移動（担送）の移動速度として，水平移動速度：平均 0.93m/sec，標準偏差 0.28m/sec が示されており，平均値－標準偏差＝0.93－0.28＝0.65m/sec（39m/分）となるため，さらにこれを安全側に設定した．なお，付 5.3）では，自力のみで行動ができにくい人（乳幼児，身体障害者など）の水平移動速度が 0.8 m/sec と示されており，それに比べて上記は安全側の設定である．

保育士等が単独で移動する場合は，令和 2 年国土交通省告示第 510 号（階避難安全検証法の算

出方法を定める件）による事務所，学校等の空間に慣れた者の水平歩行速度とした.

　保育士等が幼児に付き添いながら避難する場合について，付 5.3）では自力のみで行動ができにくい人（乳幼児，身体障害者など）の水平移動速度が 0.8 m/sec（48m/分）と示されている. また付 5.2）では，4 歳以下の女子の自由歩行速度として，平均値－標準偏差の値が 0.75m/sec（45m/分）と示されている. さらに，付 5.4）では 2 歳児以上の平均歩行速度の最小値は概ね 0.5 m/sec（30m/分）と示されていることなどを踏まえ，0.5 m/sec（30m/分）と設定した.

（3）　避難の方法

　付図 5.1 に示すように，各保育室から目的地（煙の影響を避けられる待避スペース）までの避難を考える. 乳児（0,1 歳児）は介助避難が必要であり，介助人数が多く必要であることから，非常時の応援態勢をあらかじめ決めておく. 一方，日常はクラス単位でお散歩等に出かけているので，非常時もできるだけ同様の行動で避難できることが望ましい.

　基本的な避難の方法を付表 5.4 に示す（詳細は 3.4 節参照）.

付表 5.4　避難の方法

	避難方法
乳児（0,1 歳児）	・保育士が一度に 2 人を抱えて介助避難 ・お散歩カーに乗せて介助避難
2 歳児	保育士 1 人が 2 人の園児を見守りながら避難
3 歳児以上	1 クラスを保育士が 2 人（前・後）で見守りながら避難

付 5.2　避難時間の計算

　避難時間は，火災に気づき避難を開始し始めるまでに要する時間（避難開始時間）と各保育室を出て目的地（煙の影響を避けられる待避スペース）までの移動に要する時間（避難行動時間）の和で表される. これらの時間の他に，保育施設の特徴としておんぶや抱っこ，お散歩カーに乗せる時間など，避難の準備にかかる時間を考慮する.

（1）　避難開始時間（t_{start}）

　出火室の在室者が目視により火災に気づくのは比較的容易であるが，それも部屋の大きさや見通しのしやすさなど，部屋の形状によるところが大きい. また，非出火室においては火災を目視できないので，自動火災報知設備や煙の流動による臭気および周りの騒ぎなどの情報により火災に気づくことになる. これらを詳しく定式化することは難しいので，建築基準法での扱いと同様に，工学的に部屋の大きさに基づき火災に気づく時間を定める.

a）　出火室

　出火室の避難開始時間は避難安全検証法(令和 2 年国交告第 510 号)に基づく避難開始時間に，おんぶや抱っこ，お散歩カーに乗せる時間など，避難行動を開始するのに必要な準備時間として0.5min を加算した時間とする.

$$t_{start} = \sqrt{A_{area}}/30 + 0.5\,[min] \quad （付 5.1）$$

　ただし，A_{area} は出火室の床面積[m²]とする.

b）　非出火室

　非出火室は出火室に比べて火災の覚知が遅れることを考慮する. 第 1 項に入る床面積は, 式（付

5.1）では出火室の床面積であるが，式（付 5.2）では階ごとの保育施設全体の床面積とする．

$$t_{start} = \sqrt{\Sigma A_{area}}/30 + 0.5 \ [min] \quad （付 5.2）$$

ただし，ΣA_{area} は階ごとの保育施設全体の床面積［m²］とする．

（2）　避難行動時間

避難を開始して出口に到達する場合，付図 5.3 のように人数の少ない居室であれば，出口で滞留が生じることなく，到着した人から順次通過できる．一方，人数が多いと出口への到着に伴い徐々に滞留が発生し，一定の量でしか出口を通過できなくなる．つまり，避難行動時間は歩行時間と出口通過時間の大きいほうで決まる．

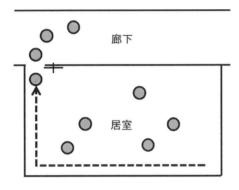 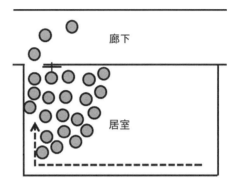

［人数が少ない場合：出口到着者が扉を通過］　　　［人数が多い場合：出口前に滞留して扉を通過］

付図 5.3　居室からの避難状況の概念図

a）　歩行時間（t_{travel}）

1）幼児の場合

幼児（2 歳児以上）は，介助者 2 人以上が幼児全員に付き添いながら一度に避難する（往復はしない）．

$$t_{travel} = L_1/v_1 \ [min] \quad （付 5.3）$$

ただし，L_1 ：介助者が幼児に付き添いながら避難する場合の水平距離［m］

　　　　v_1 ：介助者が幼児に付き添いながら避難する場合の水平移動速度［m/分］（＝30）

2）乳児の場合

火災時は出火室から早期に避難する必要があるので，付表 5.4 のとおり介助者 1 人が一度に乳児 2 人を抱えながら避難する．

$$t_{travel} = \frac{nL_2}{v_2} + \frac{(n-1)L_3}{v_3} \ [min] \quad （付 5.4）$$

ただし，n　：介助者が乳児を抱えて避難する回数［回］

　　　　L_2 ：介助者が乳児を抱えて出口まで移動する水平距離［m］

　　　　v_2 ：介助者が乳児を抱えて水平移動する速度［m/分］（＝30）

　　　　L_3 ：介助者単独で移動する水平距離［m］

　　　　v_3 ：介助者単独での水平移動速度［m/分］（＝78）

b）　出口通過時間（t_{queue}）

出口は居室避難であれば各保育室の出口，階避難であれば待避スペースに通じる出口のうち，最小幅の出口が該当する．火災の際は出火場所により避難する順序が異なることが予想されるため，幼児（2 歳児以上）と乳児（1 歳児以下）とが混在しながら避難する状況を考える．そこで，

出口通過時間は幼児，乳児を区別せず，介助者を含む避難者全員が一度に出口を通過するのに要する時間として算出する．

$$t_{queue} = \frac{P}{N_{eff}B}\ [min] \qquad （付 5.5）$$

ただし，P 　　：避難人数
　　　　N_{eff}　：有効流動係数［人/m/分］
　　　　B 　　：有効出口幅［m］

(3)　避難完了時間

居室避難時間は避難開始時間に歩行時間と出口通過時間の長いほうの時間を加えて算出する．

$$t_{escape} = t_{start} + max(t_{travel}, t_{queue})\ [min] \qquad （付 5.6）$$

参 考 文 献
付 5.1）志田弘二，辻本誠：病院患者の避難時運動能力，火災，Vol.35, .No.6, pp.27-32, 1985.12
付 5.2）日本建築学会：建築設計資料集成［人間］，p.59，丸善，2003
付 5.3）堀内三郎：建築防火，朝倉書店，1972
付 5.4）ピニェイロ アベウ タイチ コンノ，北後明彦ほか：市街地避難訓練時の歩道及び歩道橋階段における引率下の保育園児年齢別歩行速度，日本建築学会計画系論文集，Vol.79, No.697, pp.583-588, 2014.3

付録 6　皆がチェックすべき 10 のポイント

　保育施設における避難の安全に関するチェックリスト「皆がチェックすべき 10 のポイント」は，本手引きの重要なポイントを 10 項目に絞り込み，避難安全計画における要点をわかりやすくまとめたものです．

　チェックリストは，簡潔でわかりやすいポイントとその解説から構成されています．さらに詳しい内容を理解するためには，各項目に関連する本手引きの章をお読み下さい．なお，ポイント①から⑤までは避難の進展の順に記載し，⑥から⑩までは火災等の災害発生への備えについて記載しています．

付 6.1　保育施設のタイプ

　本手引きでは付表 6.1 に示すように，保育施設が入居する建物の用途，保育施設の設置階によって保育施設のタイプ分け（分類）を行い，各タイプの保育施設について避難方法等を述べています．そのため，本手引きを読むにあたっては，関係する保育施設のタイプを把握することで，より有効に本手引きが活用可能となると考えられます．まずは，関係する保育施設のタイプを確認してください．

付表 6.1　保育施設のタイプ

タイプ	保育施設設置階	概要
単独型保育施設 （保育施設）	1～3階	従来から多く見られる保育施設単独の建物となっているタイプ 1階はすぐ地上に避難できる．2階以上からの避難は屋内階段または屋外階段を利用する． また補助的に滑り台等の避難器具を利用する．
複合低層型保育施設	1～3階	複合用途のビルの低層部に保育施設を設置するタイプ 施設内の避難は単独型保育施設と同じだが，施設外の避難者と他施設の避難経路，避難階段を共有する場合がある．一気に逃げられない時や他の避難者との合流を避けるために，待避スペースを設けることが望ましい．
複合高層型保育施設	4階以上	複合用途の高層ビルの上階に保育施設を設置するタイプ 施設内の避難は単独型と同じだが，施設外で他施設と避難経路，避難階段を共有する場合が多い． 一時的にとどまれる安全な待避スペースを保育施設と同じ階に設置する． 一気に逃げられない時には待避スペースにとどまり，他の避難者と避難するタイミングをずらしたり，消防等の救助を待つ．このため待避スペースは，避難階段や非常用エレベータ付近に設置するとよい．

付 6.2　皆がチェックすべき 10 のポイント

ポイント①　園児の年齢別に応じた避難誘導方法を正しく理解できていますか？
　　　　　解説：乳幼児は年齢による避難行動能力の違いが大きいため，年齢別の避難行動能力を把握し，それぞれに合わせた避難誘導方法を習得することが，避難安全性を確保するために重要です．
　　　　関連する章：3 章

ポイント②　出火場所に応じた避難経路を確認していますか？

解説：安全な避難経路を確保することは，避難安全性の確保のために大変重要です．そのため，火災の発生場所に応じてどの避難経路を利用するのが良いか，避難階段や避難場所など，安全に避難できる経路を確認しておくことが必要です．
各室から二方向（可能であれば二以上）の避難経路を用意して，万が一，片方の避難経路が火災の影響などで使用できない場合においても，残りの避難経路で安全に避難することができるようにしましょう．また，避難経路の途中にある出入口等が，防犯などセキュリティ対策のために施錠されているかどうかを確認し，必要であれば非常時の解錠方法を確認しておくなど，いざというときに円滑に使用できるようにしておきましょう．

関連する章：2章，4章

ポイント③　避難経路を他の施設と共用している場合は，避難時の注意点を把握していますか？

解説：複合高層型保育施設等では，建物内の他の施設と階段や廊下等の避難経路を共用している場合があります．乳幼児と成人が避難経路を共用する場合には，乳幼児は成人に比べて歩行速度が遅く，また，身長も低いことから成人の避難者からは見えにくく，乳幼児と成人の衝突や転倒などの危険性があります．そのため，建物内の他の施設の避難と重ならない工夫をしましょう．それぞれ独立した避難経路があることが望ましいですが，現実には難しいことが多いかもしれません．独立した別の避難経路がない場合は，園児たちをいったん待避スペースに待機させ，他の施設からの避難が終わった後に避難を再開する計画を立てておくことも効果的です．また，乳幼児が使用する階段は，手すりの位置など乳幼児の身体寸法に合っているのかを確かめましょう．

関連する章：2章，3章

ポイント④　待避スペースの使い方を正しく理解していますか？

解説：複合高層型保育施設等では，避難階段の近くに，火災に対して一定の安全性を備えた待避スペースが計画されている場合があります．待避スペースに一時待機すれば，避難場所に避難するにしても十分に時間をかけることができるようになります．また，安全な場所で待機することができれば，消防隊員などによる救助を待つこともできます．

関連する章：2章，3章，5章

ポイント⑤　避難した後の保護者への園児引き渡し場所を事前に決めて周知していますか？

解説：火災等の災害時には，まず安全に避難することが重要ですが，避難した後に保護者が自分の子どもを引き取るために保育施設へ集中すると，避難や消防隊による活動に混乱をきたすおそれがあります．あらかじめ園児を保護者に引き渡すための建物外部の安全な場所を指定し，保護者への連絡方法なども含め保護者に周知しておきましょう．

関連する章：3章，4章，5章

ポイント⑥　実際の場面を想定し役に立つ防災訓練をしていますか？

解説：避難および消火に関する防災訓練は，少なくとも毎月一回実施します．保育施設では年齢によって避難の介助・誘導方法が異なるため，年齢や避難能力にふさわしい防災訓練を行いましょう．園児の成長に合わせた年間計画を立て，定期的に防災訓練を実施するとともに，出火場所の想定を変えたりしながら実際に火災が発生した場合でも慌てずに避難することができるようにしましょう．

関連する章：4 章

ポイント⑦　防災設備を正しく使用できますか？

解説：保育施設には，火災初期の消火に役立つ消火器や屋内消火栓があります．これは保育士等の皆さんが使用するために設置されているものですから，誰でも使用できるようにしておきましょう．その他，火災の煙を外に出すための排煙設備（排煙窓・機械排煙設備等）や，火災を閉じ込めて延焼を防ぐための防火戸など，さまざまな防災設備が設置されています．日頃からどこにどのような防災設備が設置されているのかを知り，またその機能について理解するとともに，訓練等により使い方を習得して，いざという時には正しく使用できるようにしましょう．

関連する章：2 章，4 章

ポイント⑧　火気のある場所は，常に目が行き届くようになっていますか？

解説：火災発生の可能性が高い場所，火気を使用する場所（厨房，湯沸かし室，調理をする場所）等は，常に保育士等の目が行き届くようにしましょう．死角をなくして，管理者の目が行き届くようにすることが火災の発生を抑えるために有効です．また，避難経路となる廊下などに障害物となる物を置き放しにしないように整理整頓にも日頃から注意しましょう．

関連する章：5 章

ポイント⑨　園長不在時の防災体制や，代理の防災リーダーを決めていますか？

解説：火災等の災害時において円滑に避難を行うため，防災体制（責任者や各担当者の役割分担等）を整備しておくことが重要です．責任者となる園長が不在の場合でも，防災体制が機能するように代理の責任者を決めておきましょう．また，いつでも対応可能とするため，昼夜別や就業チームの組合せごとに防災体制や防災リーダーを決めておくことが避難時の安全確保にとって非常に重要です．

関連する章：4 章

ポイント⑩　火災発生時に消防や近隣に知らせるシステムや体制を把握していますか？

解説：火災発生時には，円滑な消防活動を実施するため，防災センター（複合型保育施設の場合）や消防への連絡体制の整備が必要です．消防機関への通報設備の設置や一般加入電話による通報など通報方法を明確にし，必要により具体的な通報内容をあらかじめ準備しておきましょう．

また，保育士等では介助者が不足する場合に備え，避難援助協力に関する協定等を締結し，他の施設の職員等に避難援助協力を依頼することも有効です．

関連する章：3 章，4 章

保育施設における
避難安全のバリアフリーデザインの手引き

2021年11月25日　第1版第1刷

編　集 著作人	一般社団法人　日 本 建 築 学 会	
印 刷 所	共 立 速 記 印 刷 株 式 会 社	
発 行 所	一般社団法人　日 本 建 築 学 会	
	108-8414　東京都港区芝5‐26‐20	
	電　話・(0 3) 3 4 5 6 － 2 0 5 1	
	F A X・(0 3) 3 4 5 6 － 2 0 5 8	
	http:// www.aij.or.jp/	
発 売 所	丸 善 出 版 株 式 会 社	
	101-0051 東京都千代田区神田神保町2-17	
	神田神保町ビル	
	電　話・(0 3) 3 5 1 2 － 3 2 5 6	

Ⓒ　日本建築学会 2021

ISBN978-4-8189-2720-9 C3052